目標による管理

組織成果を高める運用法
職場水準に応じた展開法

金津 健治／著

はじめに

　「目標による管理」（目標管理）は、どこの企業でも人事評価制度や経営管理の仕組みとして欠かせないものとなっているにもかかわらず、職場での運用にはいまだに試行錯誤が繰り返されている。問題となっている点を解決しようと仕組みを見直しても、別の新たな不具合が生じ、人事担当者も管理職も変更された仕組みに振り回されているのが実情だろう。
　また、ここ数年は残業規制が強化され、管理職は部下の仕事を引き受けざるをえない。このためマネジメントの時間が削られ、目標管理を規定どおりに進めることすらむずかしくなっている。
　このような状況下において、管理職が目標管理を巧みに運用できるよう、その方法をまとめたのが本書である。執筆にあたっては、2つのことに留意した。一つは、わかりやすく運用法を紹介すること、もう一つは、職場の水準に合わせ、運用法を選択できることである。管理職は、自身のマネジメント力や部下の特性、業務の繁忙度などに合わせた展開ができるので、職場の状況にそぐわない手法を無理に用いる必要はない。
　全体の編成も、使いやすいように構成した。
　第Ⅰ章「「目標による管理」はなぜ推奨されるのか」は、目標管理に対する理解を促すため、その優れた点と問題点、留意点をまとめ、第Ⅱ章「目標管理を段階的に推進する」では、運用スキルおよび運用ノウハウ共有化の方法を紹介している。ここでのポイントは、目標管理を「基準」（組織が定めた制度やルール）、「運用者の能力」（主に管理職のマネジメント能力）、「運用の工夫・ノウハウ」（状況に応じたやりくりやうまい進め方）の3つの要素でとらえて進めることで、教科書どおりに展開できないという、多くの管理職の悩みに応えるものとしている。また、目標管理を自社・自職場で段階的に展開していく手がかりとなるよう、事例も掲げた。

第Ⅲ章「組織方針・目標と個人目標のベクトルを合わせる」では、マネジメントの状況や繁忙度に合わせ、かつメンバーの業務量にも配慮して役割や職務の割り振りを進め、部下の目標設定を幅広く指導できるよう、活用度の高い目標設定ノウハウ・手法をまとめた。

　そして、第Ⅳ章「達成管理力、評価スキルを高める」では、中間面談の進め方、目標達成に導く支援のあり方を個別支援と組織支援でとらえ紹介した。メンバーの自己評価との向き合い方、評価のフィードバック、職務行動事実の把握など、管理職にとっては頭の痛い問題の解消に活用できるシート類や方法として「評価の証」などを取り上げ、さらに補佐役のあり方にも言及している。第Ⅴ章「マネジメントの生産性を高める」では、プレイングマネジャーとして業務を効率化し、マネジメントにメリハリをつけることをめざし、活動形態別の事例と状況に応じたマネジメントの手法・ノウハウを取り上げた。今日、管理職の担当業務が増加するなかで、日々のマネジメントの重要性が高まっていることに対応するものである。

　出版にあたっては、企業、公営組織に従事する人事担当者、管理職のみなさまに機会をいただき考案したノウハウ・手法を数多く掲載した。改めて謝意を申し上げたい。

2018年2月
金津健治

目次

はじめに

I 「目標による管理」はなぜ推奨されるのか … 9
1. 産業界にもたらした功績 …………………………………… 11
   (1) 目標による管理とは ………………………………………… 11
   (2) 目標管理の2つの理念 ……………………………………… 11
   (3) 目標管理の浸透と評価 ……………………………………… 13
2. メリットの創出とデメリットの抑止 …………………… 15
3. 目標管理運用の5つの課題 ……………………………… 19

II 目標管理を段階的に推進する …………………… 21
1. 目標管理を推進する3つの要素 ………………………… 23
2. 運用のノウハウ共有化とスキル習得アプローチ ……… 25
   (1) 運用ノウハウ共有化アプローチ ……………………………… 25
   (2) 運用スキル習得アプローチ ………………………………… 26
3. 職場特性に応じて段階的に推進 ………………………… 27
4. 事例に学ぶ全社を通じた取り組み ……………………… 29
   (1) 成果物を意識した目標を設定した例 ……………………… 29
   (2) 職場の目標設定レベルを段階的に向上させた例 ………… 31
   (3) 目標項目・達成基準の設定に切り替えた例 ……………… 33
   (4) ノウハウを浮き彫りにし、目標設定スキルを鍛えた例 …… 35

（5）運用ノウハウを蓄積し共有化した例 ………………… 36
　5. 時代の潮流に合わせた目標管理 …………………………… 40
　　（1）定年後再雇用者を動機づける ………………………… 40
　　（2）マネジメント活動モデルで女性活躍を推進 ………… 41
　　（3）働き方改革を進めるなかでの目標管理展開 ………… 43

Ⅲ　組織方針・目標と個人目標のベクトルを合わせる …… 47

1. 組織目標で方向づける ………………………………………… 49
　　（1）組織方針・目標の設定背景を自身の言葉で伝える … 49
　　（2）意味の連鎖で組織目標をブレークダウンする ……… 53
　　（3）組織目標BD 4タイプでブレークダウンする ……… 56
　　（4）上位方針が示されない場合は、組織目標を創造する … 58
　　（5）繰り返し設定される組織目標を納得づける ………… 61
2. 管理職の目標を設定する ……………………………………… 65
　　（1）組織目標を定量化できないこともある ……………… 65
　　（2）マネジメント目標も管理職の目標として設定する … 66
3. 部下に役割・職務を割り振る ………………………………… 71
　　（1）部下に真の役割を自覚させる ………………………… 71
　　（2）メンバー全員の職務を鳥瞰する ……………………… 72
　　（3）メンバー各人の習熟度を把握する …………………… 75
4. 部下の目標設定を指導する …………………………………… 79
　　（1）数値目標、定性目標を具体化する …………………… 79
　　（2）難易度に応じて目標レベルを加減する ……………… 82

（3）資格にふさわしい仕事に改める ……………………… 84
　（4）目標に取り組むメリットを気づかせる ……………… 87
　（5）繰り返し同じ目標を設定する部下への指導 ………… 89
　（6）間接部門の支援成果は貢献先の最終成果をもとに設定する … 91
　（7）複数メンバーで共同の目標を掲げる ………………… 93
　（8）種類別目標で規定数の目標を設定する ……………… 96

IV　達成管理力、評価スキルを高める …………… 99

1. 目標を達成に導く ……………………………………… 101
　（1）中間面談は目的を定めて進める ……………………… 101
　（2）個別支援と組織支援で目標達成に導く ……………… 104
　（3）職務遂行レベルが低下した部下を指導する ………… 105

2. 達成度、努力度を評価する …………………………… 108
　（1）目標達成度、努力度を裏づける ……………………… 108
　（2）自己評価がもたらす認知バイアスを防ぐ …………… 110
　（3）部下の自己評価を指導する …………………………… 113
　（4）評価を育成に結びつける ……………………………… 116
　（5）人事考課を円滑に進める ……………………………… 118
　（6）評価結果に対する部下の反論に備える ……………… 121

V　マネジメントの生産性を高める ……………… 125

1. 管理職の業務効率化 …………………………………… 127
　（1）担当業務の生産性を向上させる ……………………… 127
　（2）効率化と強化でマネジメントにメリハリをつける …… 129

2. 場と手段に応じたマネジメントの展開 …………………… 133
　（1）場や手段の活用法を実例に学ぶ ……………………… 133
　（2）組み合わせでマネジメントの幅を広げる …………… 140
3. 状況に応じたマネジメントの展開 ………………………… 143
　（1）個別指導の限界を集団指導でカバーする …………… 143
　（2）全社視点を打ち出し、部門間の対立を和らげる …… 147
　（3）朝礼をメリハリをつけて活用する …………………… 149
　（4）メンバー間のヨコ串を通し、技能伝承にも役立てる …… 152
　（5）新任管理職が一人前になる期間を短縮する ………… 154

表紙カバーデザイン——林　一則

I
「目標による管理」はなぜ推奨されるのか

目標による管理（目標管理）がわが国産業界に本格的に取り入れられるようになったのは1960年代である。その後、時代の潮流に合わせて普及が進み、本格的導入から50年が経過した今日では、年度の組織重点方針を個人目標に展開する方法を提供するなど多くの功績がもたらされたが、その一方で、どの企業でも何らかの問題が生じている。

　第Ⅰ章では、目標管理の理解を促すため、そのすぐれた点と問題点を以下の視点で確かめたい。

◆目標管理の原点に立ち返り、ドラッカーが提唱した理念とは何か
◆目標管理は、時代のニーズに応えどのような変遷をたどってきたのか
◆目標管理導入のメリット、デメリットと留意すべき点は何か
◆目標管理の運用の問題には、どのようなものがあるのか

1. 産業界にもたらした功績

(1) 目標による管理とは

　目標管理とは、事業部制とともに生まれたマネジメントの考え方であり、一人ひとりの仕事の成果を評価する仕組みとして多くの企業で取り入れられている。正式には「目標による管理」(Management By Objectives (and self control)：MBO) と呼ばれ、アメリカの経営学者ドラッカーが、マネジメントの考え方として生み出したものである。この考え方が日本に持ち込まれた際、Managementを「管理」と訳すか、「経営」とするかで意見が分かれたそうだ。「目標による経営」と訳されていたら、受けとめ方はずいぶんと変わったかもしれない。

(2) 目標管理の2つの理念

　ドラッカーは、目標管理の理念として、「目標設定への参画」「自己統制」を提唱している。

①目標設定へ参画することにより納得性を高める

　ドラッカーの考え方をわが国に先駆的に取り入れた幸田一男・元産業能率大学教授は、目標による管理の2つの理念について、その著書『最新 目標による管理』(産業能率大学出版部)で次のように述べている。

　「望ましい管理のあり方としては、今までのような組織や上長による監督的・統制的管理ではない、つまり上長主導型でない、当事者または個人主導型の自律的な管理であろう。…仕事を定める段階で参画し、当事者本人の意見が取り上げられれば、人は自ら決めたことについては身を賭してやろうとするものである」

　つまり、自ら目標を設定すること（目標設定への参画）により、設定者本人の目標に対する納得性・責任意識を高め、目標推進力をもたせるのである。

②自らの責任意識を高める自己統制

もう一つの理念である「自己統制」は、達成管理のあり方を左右するものである。前述の『最新 目標による管理』では、自己統制の必要性について次のように述べている。

「目標設定の段階で参画しても、仕事の管理のあり方がこれまでのような上長の厳格な指揮・指導や、手続きや方法の厳密な順守であっては、人々は次第にやる気を失い、上長の指揮や規程の示すままに動くことになってしまう。…当事者の目標設定段階での参画がなされていれば、どこまでやるかについて上下の了解が得られているわけで、いわば結果は前もっておさえてあるのであるから、その範囲ではむしろ当事者に自由に任せることが、積極性や創意工夫を発揮させるうえでも好ましい」

ただし、部下に任せっぱなし、まる投げ（放任）にならないよう、「支援的管理」で指導することを管理者は求められる。

③目標による管理の展開サイクル

図表1-1は、目標管理の展開サイクルである。ここには注目したい点が3つある。

1つは、ドラッカーの理念「目標設定への参画」に応え、上司は目標・方針を明確に示し、部下は参画・自己立案の取り組みを奨励している点だ。今

図表1-1　目標管理の展開サイクル

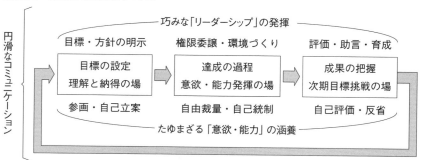

出所：産業能率大学 目標管理研修テキスト

日の職場では、管理職がミーティングを開催して方針を周知し、目標のたたき台を部下に作成させ、目標設定面談を実施しているが、この当たり前ともいえる活動の拠り所となるものである。

2つ目は、上司が権限委譲を進めやすいよう環境を整備し、自由裁量のもと、部下の自己統制を奨励している点である。放任に陥ることを避けるため、目標設定後は、中間面談などで達成に向けて確認指導するが、可能なかぎり部下本人に任せるものである。

3つ目は、展開サイクルの最後が達成度評価ではなく、「成果の把握」となっている点だ。目標管理は、業績評価の仕組みではなく、「マネジメントの考え方・進め方」を具現化したものだからである。

(3) 目標管理の浸透と評価

「評価の仕組み」として今日、企業に受け入れられている目標管理は、時代のニーズに合わせて仕組み自体を変化させてきた。**図表1-2**はその変遷をまとめたものである。

当初、小林商店(現在のライオン)等が取り入れ、昭和30年代の不況をきっかけに鉱山会社を中心に企業での導入が相次いだ（産業能率大学ホームページ参照）。

その後、行き過ぎた成果主義の元凶だと批判された時代もあったが、日本の産業界にもたらした功績を少なくとも2つ示すことができる。

1. 組織の一員として年度の重点的な取り組みを明確に設定する機会を提供…
目標とは、「組織の一員として、年度で達成すべき成果」を明確にすることである。「個人的な取り組みの重点」（たとえば平泳ぎで1500メートルを泳ぎきるなど）ではないことを明確にし、その設定の機会を提供した

2. 業績評価の仕組みが普及…人事評価制度の評価要素は、業績、能力、態度が一般的だ。能力と態度をコンピテンシーでとらえる企業もあるが、多くは業績を目標にもとづき評価・判定している

目標管理が普及していなかった時代は、仕事の量と質を評価要素にしてい

図表1-2　目標管理導入の変遷

> ■**業績向上型**（昭和30年代、特に鉱山会社で導入）
> 　昭和30年頃に、不況克服を契機に業績向上を意図して目標管理が導入された。当時の鉱山会社など活気を呈していた業界のリーダー企業が導入した。
> ■**能力開発型**（高度成長期、組織拡大に合わせ人の能力をキャッチアップ）
> 　高度成長期になると、企業は事業の拡大に合わせて組織も拡大させて、組織に見合う人材を育成強化するために導入した。
> ■**人事制度連動個人尊重型**（バブル期、性差に関係なく、人の能力ベースの処遇に反映）
> 　平成に入り「第二新卒」の言葉に代表されるように、売り手市場の就職戦線に人事担当者は悩まされた。そこで、良い人材を確保するために企業は個人の尊重を標榜し、年齢、学歴、性差ではなく、能力での処遇実現に切り替えるため目標管理を導入し、人事評価制度に結びつけた。
> ■**人事制度連動業績直結型**（業績に直結させる方式）
> 　ところがバブル経済崩壊後、景気は一気に低迷し不況となった。企業は固定費削減、人件費の変動費化をはかるため、成果主義人事制度を導入し、成果を評価する仕組みに目標管理を導入した。
> ■**原点回帰型**（組織と個人を成長・発展させる方式）
> 　一部の企業では、マネジメント強化のために目標管理を見直している。合宿による目標検討会で目標設定参画意識を高め社員のモチベーションを高めている。その意味では、「目標管理をマネジメントの考え方に位置づける」という原点に回帰したものといえる。

出所：幸田一男『最新 目標による管理』（産業能率大学出版部）を参照し筆者作成

た企業もある。業績で評価することが、行き過ぎた成果主義だと批判された時期もあったが、成果を評価要素からはずすことはできない。なぜなら、顧客の創造・維持、生産性の向上、社会貢献が成果であり、その成果を求めなければ組織を成長・発展させることもできない。社員の雇用を守り、生活の糧となる給与・賞与を払うためにも必要である。

　参考までに、成果主義とは、社員を評価する基準を「職務の成果」（これ自体を目標と呼ぶこともある）に求めようとする考え方である。楠田丘氏は成果主義を「企業活動への貢献度に比例して処遇する制度」と位置づけている（『日本型成果主義－人事・賃金制度の枠組と設計』楠田丘編、生産性出版）。これに対し、年齢、勤続年数等を基準に評価・処遇するのを「年功賃金」（年功主義という表現は少ない）、社員が発揮している職務遂行能力等を基準に評価・処遇することを「能力主義」と呼んでいる。

2. メリットの創出とデメリットの抑止

　産業界に功績を残してきた目標管理には、内包する功罪がある。正面から向き合い、功を引き出し、罪を抑えこむ努力が必要だ。
①メリット創出のポイント
　目標管理導入で期待できるメリットは8つある。どうしたらメリットを創出できるのか、そのポイントをおさえたい。
1. **目標・方針が徹底される**…どの企業にとっても悩ましいマネジメントの問題の一つが、「目標方針が連鎖しない、経営者が打ち出した方針が徹底されない」ことである。これは、管理職が全社方針の設定背景を十分に理解せず、経営者が投げかけた言葉をそのまま部下に伝えているために生じるものである。本来、目標の連鎖は、「言葉の連鎖ではなく意味の連鎖」であり、経営トップ方針の背景を十分に理解し、それぞれの部門別に管理者が組織目標を打ち出し、それを部下のわかる言葉に翻訳して伝えることで徹底化される
2. **成果意識を醸成する**…目標は「一定期間において達成すべき成果」と定義できる。その成果を意識し、一般社員であれば「業務の効率化」「各種業務の問題解決や自らの知見を高め生産性を向上させる」などの目標を設定する。営業担当者は「新規顧客開拓」、開発担当者なら「新製品を開発し自社の顧客を創造する」を目標に掲げることで、「年度の重点成果を意識し取り組む意識」が醸成される
3. **自主性発揮の風土を醸成する**…社員に目標を設定させる場合、「目標のたたき台づくり」を求める企業は少なくない。目標のたたき台作成は、社員自らが望ましい目標を決定し自分の言葉で記述することである。作成に際しては、上司から示された上位目標の意味を各人が解釈し自分のたたき台目標とする。「私は、課長が示した部門目標をこのように受けとめ、この

目標を設定したいと考えます」と面談で上司に提示できる社員が増えることで、自主性発揮の風土は醸成される

4. **コミュニケーションが良くなる**…目標の設定、進捗管理、評価の各段階には、上司と部下の対話の場が組み込まれている。目標設定面談などを通じて、上下間のコミュニケーションが促進される
5. **社員の能力を向上できる**…一般的に「努力すれば達成できる」レベルの目標の設定を期待している。そのレベルで目標を設定し、達成に努力すれば、半年後あるいは1年後には、社員の能力を高めることができる
6. **管理職のマネジメント力が向上する**…目標管理プロセスはPDCAのサイクルであり、マネジメントそのものである。管理職には、目標設定・進捗管理・評価の各段階において、さまざまな働きかけを通じて目標達成に向け部下を導いていくことが求められる。そのリーダーシップ発揮を通じて、管理職自身のマネジメント能力が鍛えられる
7. **マネジメントがシステム化される**…人事部門が作成した手引き（「目標による管理」基準）には、自社の目標管理の体系的な進め方が記されている

図表1-3　目標管理展開で期待できるメリットとメリット創出の留意点

メリット	メリット創出の留意点
目標・方針の徹底	部門目標・方針と個人目標のベクトルを合わせるよう、管理職が指導していくことが必要
成果意識の醸成	社員のわかる言葉で成果を定義（たとえば、顧客の創造・維持、生産性向上、社会貢献の3つとする）しておくことが必要
自主性発揮の風土醸成	しんどくても、社員に目標のたたき台作成を義務づける
コミュニケーション良化	管理職には、目標設定面談を義務づけ、短時間でも実施させるようにする
社員の能力向上	設定レベルは、努力すれば達成できるレベルとなるよう、管理職は指導する。これで年間の成長度が決まる
管理職のマネジメント力向上	プラン・ドゥ・チェック・アクションのPDCAサイクルを回すことで、管理職はマネジメント力が鍛えられることを自覚しておくことが大切
マネジメントのシステム化	人事部門が作成した手引き（「目標による管理」）には、自社の目標管理の体系的な進め方が記されている。その点を管理職に気づかせる
チャレンジ意識の向上	何をもってチャレンジなのか（たとえば、いままでにないことに取り組むこと）を社員に理解させ、定義するのが賢明

はずである。目標設定段階での部門目標の納得づけ、達成管理においては困難に直面した場合の定期的な指導面接などである。これらのマネジメント活動をすべての管理職が同様に進めれば、マネジメントをシステマティックに展開できる

8. **チャレンジ意識を向上させる**…目標の条件となるチャレンジ性の定義は企業によって異なるが、一般的には「新しいことに取り組む」「現状を否定し、より望ましいものにする」など個人に対し変革を求めるものである。チャレンジを継続すれば、「変えることは当たり前。変わることも当たり前。生み出すこと、古くなったものを取り除くことも当たり前」となり、これを個人レベルで常態化できれば組織の体質強化につなげられる

②デメリット抑止の留意点

目標管理を展開するうえで生じるおそれがあるデメリットは8つある。**図表1-4**は、デメリット抑止の留意点をまとめたものである。

1. **取り組みの軽視や短期志向が強まる**…年度目標達成を追求すれば年度の重点成果をあげることに意識が集中し、中長期の視点や地道な取り組みがおろそかになることがある。「管理職の評価を目標達成だけで判断する」なら、結果主義がさらに強まる

2. **個人主義に陥る**…重点化した「個人目標」だけに関心が向き、それ以外の本来業務の取り組みや他のメンバーとの協力などを惜しむことになる

3. **面談や会議の時間の増加、事務の増大**…目標管理にまじめに取り組めば部下指導育成、管理職との対話や面談、メンバーを巻き込んだ目標検討会議や進捗管理検討会議に要する時間が増える。目標達成状況を示す資料づくり、メンバーを納得づけるための資料の作成の手間も増大する

4. **セクショナリズムがはびこる**…管理職は部門目標達成に力を入れるため、他部門との連携がおろそかになりがちである

5. **目標以外の本業がおろそかになる**…「目標だけが評価の対象だ。それ以外の取り組みは避けて通りたい」と、自身の目標への取り組みを最優先し、それ以外の本来の役割発揮や担当業務をおろそかにする部下が出てくる

Ⅰ◆「目標による管理」はなぜ推奨されるのか

図表1-4　目標管理展開で生じるおそれがあるデメリットとその抑止の留意点

デメリット	デメリット抑止の留意点
結果・短期志向（長期志向低下）	年度の重点成果達成に注力すれば、中長期の取り組みの優先順位は下がる。管理職が中長期の取り組みを中間目標（単年度で達成できるレベルで設定する）として掲げれば、ある程度改善できる
個人主義	管理職が部下に、「取り組む事項は、目標以外に、役割にもとづき本来の担当業務、周囲からの依頼事項もある」ことを指導しておくことが大切
面談、会議、事務増大	メリットであるコミュニケーション良化とトレードオフの関係にあるだけに、管理職がマネジメントにメリハリをつける
セクショナリズム	課内最適化を部内最適化、部内最適化を全社最適化にするには、部長、役員の適切な調整・連携マネジメントにかかっている
目標以外の本業を手抜き	個人主義の防止策同様、管理職が部下に、「取り組む事項は、目標以外に、役割にもとづき本来の担当業務、周囲からの依頼事項もある」ことを指導しておく
チャレンジ性低下（安全志向）	再チャレンジには、少なくとも上長の支援が欠かせない
形骸化でやらされ感の増大	ISOなど、すべてのマネジメントが内包しているデメリットである。人事担当者や管理職が目標による管理の意義、目標設定の意義を説き続けていくしかない
放任管理の助長	自己統制とトレードオフの関係にあるだけに、部下と目標難易度の両方を視野に支援していく。四半期ごとに進捗チェックをする職場もある

6. **チャレンジ性が低下する（安全志向）**…チャレンジしたが達成できなければ、自信を失う。加えて賞与の評価が低ければ、次は無難な目標を設定したくなり、目標の難易度やチャレンジ度が下がる。いわゆる安全志向が増えることもある

7. **目標管理に意味を見出せず、シート記述が作業処理となる**…目標管理の目的は、組織と個人の成長・発展だと手引きに記されていても、実感できない者もいる。この状況が毎年続くと、目標設定は去年の目標をコピーする作業処理となり、制度は形骸化する

8. **自己統制が放任管理となる**…目標管理を考案したドラッカーは、「自己統制」の理念を掲げ、設定した目標達成をできるかぎり本人に任せ、責任を自覚させ、成長を促すよう提唱している。だが、順調に達成しているならよいが、期中の環境変化などにより目標の難易度が高まると達成に支障をきたすことになる。このような場合に、放任管理の弊害が明らかとなる

3. 目標管理運用の5つの課題

　前述の目標管理導入の功罪は、制度そのものが内包する問題であり、留意点をおさえれば、メリットを創出し、デメリットをある程度抑えることができる。だが現実には、それ以外の問題も生じている。たとえば、職場の人数があまりにも多いために面談ができず、係長が目標設定面談にあたることを認めてほしいと求める課長がいたり、部下が5つの目標を設定できないことから、目標の数を3つに減らすよう制度の見直しを求める課長もいる。しかし、たとえ制度を見直しても、「見直し前のルールがよかった」といわれたり、さらなる見直しが求められたりと、問題が減ることはない。制度の見直しだけでは解消できない運用の問題を抱えるなかで、目標管理を根づかせることはできるのだろうか。

　どの企業も事業を展開するために、手段として組織を設ける。さらに組織運営に必要な機能を部門ごとに分担させる。部門には、人、モノ、金の資源を配分する。こうして事業の営みが始まる。その営みを方向づける年度の重点方針にもとづき、個々の社員に目標をブレークダウンし、PDCAで回していくのが「目標管理」である。この過程で生じる問題を掘り下げると、次の5つの課題が浮かび上がってくる。いずれも解決の道筋を示すことができる事柄である。

1. 組織特性に応じられない…管理スパンが20人を超える組織ゆえに、管理職が面談指導しきれない、など

2. 部門特性に応じられない…製造部門は複数メンバーで進めるため、目標の評価がしにくい、など

3. 資源特性に応じられない…若手中心の職場、再雇用者中心の職場にふさわしい目標を設定指導できない、など

4. 業務特性に応じられない…定型業務に合わせた目標を設定できない、など

5. 自社・職場のマネジメント水準に合わせられない…管理職に面談力が乏しいのに教育を施さずに目標設定面談を義務づけたために、面談への不安を感じた管理職が面談を拒んだ、など

　これらの問題点を克服し、目標管理を効果的に用いて業績の向上、人材育成につなげるには、どうしたらいいのだろうか。その考え方と進め方を実例をあげて第Ⅱ章で紹介する。

II
目標管理を段階的に推進する

第Ⅰ章でみたように、管理職は目標管理を進めるにあたり、組織特性、部門特性、資源特性、業務特性、自社・職場のマネジメント水準の特性に悩まされ、教科書どおりにはできない。これらを解決する糸口は、「目標管理を推進する要素」をとらえることでみつけられる。

　目標管理を推進する要素には、①基準（組織が定めた制度やルール）、②運用者の能力（主に管理職のマネジメント能力）、③運用の工夫・ノウハウ（状況に応じたやりくりやうまい進め方）の3つがある。これらのうち、突破口になるのが運用の工夫・ノウハウである。

　管理職が運用の工夫やノウハウを身につけるにあたっては、研修等で「運用スキルを習得する」、職場でのうまいやり方を「管理職同士で共有する」（運用ノウハウ共有化）、の2つのアプローチがあり、これを段階的に進めていくとよい。

　階段を上がるがごとく進めるので「段階的推進」といわれており、数年続けることにより会得する管理職もいる。段階的推進は、個人で進めるだけでなく、全社を通じた目標管理でも適用できる。実例から学び、職場全体で目標管理を推進する手がかりにするのである。

　段階的推進を実現することは、生涯現役社会と働き方改革といった時代の潮流を乗り切ることにもつなげられる。それらは、少なからずマネジメントを含む目標管理に影響を及ぼすからだ。

1. 目標管理を推進する3つの要素

　目標管理を推進させる決め手となるのが、「基準」「運用者の能力」「運用の工夫・ノウハウ」の3つの要素（ファクター）である（**図表2-1**参照）。

　目標管理・人事評価制度が企業でどのように導入展開されるかを、これらのファクターに関係づけて示したものが、「サイクル」である。それは、まず企業の制度・仕組みとして設定され（「基準設定」）、その仕組みを管理職に理解・習得させる研修を実施し（「トレーニング」）、管理職が職場で制度・仕組みに沿って実践する（「職場実践」）、とつながるものだ。このサイクルを回す過程で、思わぬ事態に直面することはめずらしくない。その事態に対処できるかは、管理職（運用者）のやりくり（能力）にかかっている。たとえば20人の部下を抱えて面談ができずに立ち往生する管理職がいる一方で、部下の目標シートを事前に添削し、面談を手際よく進める管理職もいる。このやりくりが、「運用の工夫・ノウハウ」（マネジメントの工夫）である。

　そこで、面談等を手際よく進めるための工夫（運用の工夫・ノウハウ）をほかの管理職と共有し、適切な運用につなげる（「ノウハウ共有化」アプローチ）とともに、その運用の工夫・ノウハウをスキル化し、研修等で習得させる（「運用スキル習得」アプローチ）のである。

図表2-1　目標管理推進の枠組み

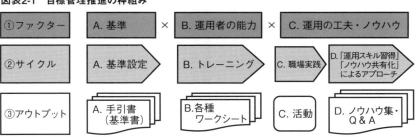

上記サイクルを通じて生み出される成果が「アウトプット」である。基準設定におけるアウトプットが、人事部門が作成した「手引書」(基準書)であり、トレーニングにおけるアウトプットが、管理職が演習でまとめた「各種ワークシート」である。職場実践のアウトプットは、管理職の「活動」そのものであり、ノウハウ共有化と運用スキル習得の結果として、「ノウハウ集・Q&A」がまとめられる。

2. 運用のノウハウ共有化とスキル習得アプローチ

(1) 運用ノウハウ共有化アプローチ

運用の工夫・ノウハウは、「抽出」「加工・蓄積」「共有化」「新たなノウハウの顕在化」の4つのサイクルを回すことで共有できる（**図表2-2**）。一例として、評判のよい管理職へのインタビューを通じて運用のノウハウを抽出し、研修での共有化、顕在化を進めたA社の手法を紹介する。

①抽出

A社では、効果的な運用を行なっている10人程度の管理職にインタビューし、運用の工夫・ノウハウ（上手なマネジメントの工夫）を聞き出した（顕在化→抽出）。インタビューは、管理職のマネジメントを顕在化し（本人からマネジメントの取り組みを聞き取り第三者がノートに記録する）、そのなかから運用のノウハウを抽出する（外部の第三者が抜き出し見出す）活動である。具体的には、部下の自主性を引き出すための工夫として、「最初に部下が考えた目標を説明させる」といったノウハウを第三者が見出し、ノート等に記録するものである。

②加工・蓄積

インタビュー終了後、記録ノートをもとに、運用の工夫・ノウハウを一覧

図表2-2　運用の工夫・ノウハウ共有化アプローチ

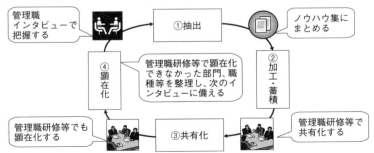

にまとめ（ノウハウ集として編集）、加工・蓄積する（抽出→加工・蓄積）。

③共有化

　人事部門は、加工・蓄積したノウハウ集を研修などの場を通じて管理職全員に提供する。「これなら私もできる」と気づかせることができれば、共有化の目的は達成される（加工・蓄積→共有化）。

④顕在化

　研修に参加した管理職は、たとえば「評価に納得しない部下の指導」などのテーマに対して、アイデアを出し（顕在化）、人事担当者や外部専門家がそれらを整理し、運用の工夫・ノウハウを可視化（抽出）する（研修の場で運用の工夫・ノウハウを顕在化させる）。人事担当者は研修後に、研修を通じて得られた新たな事項をノウハウ集に追加し、加工・蓄積する（共有化→顕在化→抽出→加工・蓄積→共有化）。

　管理職は、職場の状況をふまえ、ノウハウ集のなかから、ふさわしいものを選択し活用する。

(2) 運用スキル習得アプローチ

　運用方法やノウハウなどについては、たとえば「部下がわかる言葉で自部門の目標設定の背景を納得づける」などがある（組織目標意味づけスキル）。その主なスキルは第Ⅲ章でも紹介している。

　以上２つのアプローチを通じて、管理職主体により目標管理を職場で段階的に進めていただきたい。

3. 職場特性に応じて段階的に推進

　目標管理の段階的推進とは、職場の特性（組織特性、部門特性、資源特性、業務特性、自社・職場のマネジメント水準の特性）に応じて、人事部門や管理職が目標管理を組織内で展開することである。

　展開の仕方には、次の５つのタイプがある。それらをおさえておけば、後述する企業事例への理解も深まり、自社の現在の段階もイメージできるはずだ。

①対象層を広げる

　多くの企業では、目標管理導入の対象を「初年度は管理職のみとし、次年度は一般職まで広げる」といった具合に段階的に広げている。

②対象部門を広げる

　「製造部門はチームで仕事を進める業務の特性があり、個人目標を設定する目標管理はなじまない。例外とする」という意見が制度導入の際、議論の焦点となることがある。

　目標管理を業績評価に連動させた場合には評価基準を統一しなければ人事評価の公正性を担保できない。したがって、全社的に評価に結びつけるための試行期間をおき、支障の出ないように進めることが賢明である。たとえば部門特性に応じて共同目標（複数の部門・メンバーで進める目標）を設定する場合には、目標ごとの推進責任者が実施計画の設定段階でメンバーの分担を明確にしプロセスを評価する、達成段階では、管理職が推進責任者の助言を得ながら達成度を評価する。最後にメンバーが評価を納得できるかを検証するのである（第Ⅲ章参照）。

③試行期間を設けたのちに本格的に導入する

　目標設定の巧拙で評価に大きな差がつくことは、評価の公正性に反する。そこで、試行期間を１年程度設け、管理職や社員の目標設定力、達成管理力

の底上げをはかる。そのうえで、評価に結びつけるのである。

④自社の目標設定の条件を加減する

　社員が目標を設定するにあたり、各企業では条件をつけている。「目標を5つ設定する」「自らの能力を向上させる目標を1つ設定する」「設定する目標は、所属部門目標と連動していること」などである。これらを目標設定の条件（自社における望ましい目標設定の条件）と呼んでおこう。この目標設定の条件を社員の目標設定レベル、管理職のマネジメントレベルに応じてさじ加減するのである。

　目標を設定したことがない企業では、社員が目標を5つ設定することは、かなりしんどいはずだ。そこで、目標管理導入当初の3年間は、「社員の目標設定数を3つとする」など、自社のレベルに応じて条件を緩めたり、高めたりしてほしい。

⑤運用レベルを加減する

　段階的推進にあたり管理職は、運用を工夫することが期待される。運用レベルは、運用スキル習得アプローチと運用ノウハウ共有化アプローチで加減できる。

　部下と顔を合わせながら部門目標をブレークダウンしたいならば、2時間程度かけた会議で「課題組み立てチャート」（**図表3-4**）を用いてまとめるとよい。それが大変ならば、「組織目標ブレークダウンの4タイプ」を用いる方法もある（**図表3-5**）。

　大切なのは、現在の職場の特性に応じて、管理職が運用レベルを加減することである。第Ⅲ章で各種スキルを紹介する。

4. 事例に学ぶ全社を通じた取り組み

前節では段階的推進のさまざまなパターンをみてきたが、本節では全社を通じた取り組みの事例を紹介する。自社（職場）での進め方や考え方の参考にしていただきたい。

(1) 成果物を意識した目標を設定した例
①業績評価を導入するも社員の事務作業が増大
B社では業績評価制度を導入し、10年以上も続けたが、掲げた目標の成果があいまいなため評価の納得性が低下した。目標シート記入のわずらわしさも重なり、管理職からだけでなく一般社員からも目標管理への批判が強まったが、目標管理に代わる、業績を評価判定する仕組みはない。

②名称変更など３つの方法を採用
そこでまずは、目標管理の悪いイメージを払拭するとともに、社員には成果を意識し続けさせるよう、「「目標」という名称を「重点課題」に変える」「年度方針の重点施策と個人目標を連動させる」「達成基準を予定成果物・評価の証に変える」という３つの方法を採用した。

③目標達成をイメージすることで成果物を具体化
ここで特にポイントになるのが、目標の設定法である。「年度部門方針の重点施策を社員個人の年度の重点課題に連動し、設定する」「達成基準に代わり、予定成果物・評価の証を具体化する」ことができるよう、「年度部門方針から重点課題に転換するシート」（**図表2-3**、演習用）を取り入れた。また「期の初めに予定成果物・評価の証を具体化できない場合には、期中に具体化する」よう変更した。

実際に活用してみると、予定成果物・評価の証を具体化することで、目標を達成した状況をイメージできるようになるなど、人事評価上のメリットが

図表2-3 演習用「年度部門方針から重点課題に転換するシート」(記入例)

◆重点課題とは、[年度部門方針の重点施策を社員個人が年度重点課題の取り組みとし具体化したもの]です

NO	年度部門方針			個人が取り組む重点課題			
	方針	重点施策	分担	重点課題	実施事項(目的、手段・方法、タイミング、頻度など)	実施時期	予定成果物・評価の証*	期限
1	○○○○	○○業務のばらつきを改善する	Aさん(○○業務担当)	○○業務の標準化	①○○○業務のばらつき状況を担当者全員に調査し、業務プロごとにやり方・問題等を整理 ②最適な方法を検討しまとめたうえ、マニュアルを整備する	○年○月〜○年○月	上長と担当者が了解してくれた…修正した業務マニュアル	○年○月末
2								
3								

*予定成果物・評価の証は、7つの評価の証を参照し、可能な範囲で具体化してください。困難な場合には、期の途中で具体化しましょう

認められた。一例をあげると、「課長が承認した改訂マニュアル」という予定成果物がイメージできることで、「マニュアルを改訂し課長の承認を得る」という達成基準を具体化できたのである。管理職には、「評価がしやすくなった」と好評だった。

④時期を見計らい、達成基準による設定法を検討

　ただしこれは、達成基準を省いた例外的な設定法である。数年後、「この設定法で評価に支障はないのか、達成基準を復活させるべきか」を管理職や組合員と検討したい。

(2) 職場の目標設定レベルを段階的に向上させた例

　目標設定の「意味づけ」から始め、一歩ずつ段階を上げていく方法である。

　今日、ほとんどの企業では、年度目標設定が組織の習慣になっているが、1990年代ころまでは、どの企業でも目標は設定しておらず、がむしゃらに仕事をしていればよかった。その時代を過ごしてきた年配社員のなかには、目標管理は「黒船到来」のように映ることもあるのではないか。すなわち、業績で厳しく評価される、労働強化だと。そのような誤解を招かぬよう、社員に「目標を設定するメリット」を自覚させなければならない。

　組合の力の強いC社は、規制緩和で国際競争が激化したことから、成果を意識した職務遂行を期待し目標管理を導入した。組合側は、社員が目標を設定した経験がないだけに、評価に反映させることを懸念し、「業績評価連動までには、数年間の試行期間をとること、管理職に十分な教育を実施すること、社員に目標管理制度導入を納得づけること」を条件に、導入を認めた。

①導入段階で3つの仕掛けを用意

　そこで人事部門は3つの仕掛けを用意した。

　1つ目は、目標設定を段階的に発展させるため、「目標意識の醸成期」「目標の質的向上期」「目標の成果貢献期」の3つの段階を設けたことである。導入初年度は、「目標を立てることは、自分たちにとってメリットがあり好ましいことである」という意識を社員に持たせるようにした。2年目は、「少

図表2-4　目標設定の発展段階

```
┌─────────────────────────────────────────┐
│ 目標の成果貢献期（第3ステージ）              │
│ 成果に結びつく目標を設定する                │
└─────────────────────────────────────────┘
┌──────────────────────────────────┐
│ 目標の質的向上期（第2ステージ）        │
│ 前年度より目標レベルを高める          │
└──────────────────────────────────┘
┌───────────────────────────────┐
│ 目標意識の醸成期（第1ステージ）    │
│ 自らにとって、やりがいのある目標を設定する │
└───────────────────────────────┘
```

なくとも業務も改善し、何らかの形で成果に結びつく目標を1つは設定する」こと、すなわち「目標レベルを前年度よりもアップさせる」よう、質的な向上をめざした。3年目は総仕上げの時期であり、「設定する目標が成果に結びついている」レベルをめざすといった具合に、無理なく目標設定できるよう、段階的に進めていくものである。

これが、目標設定の発展段階モデルである。もちろん、次の段階に移るかどうかは、目標の設定状況を見極めて人事部が判断する（**図表2-4**）。

2つ目の仕掛けとして、制度導入に対する社員の不安を取り除き、納得性を高めるために、管理職が各職場で、目標管理制度導入の意義を自らの言葉で語り、目標管理制度の概要と展開の見通しを伝えるようにした。

3つ目は、管理職に対する研修を通じて、目標管理展開スキルを習得させるとともに、職場において目標管理制度導入の意義や概要を説明できるよう準備を進めた（**図表2-5**）。

②導入2年目は質的向上のために標準化研究会を実施

導入2年目には、目標の質的向上をはかるため、管理職を対象とした「標準化研究会」を実施し、「標準化の考え方・進め方、マニュアルの作り方」などを学習した。標準化が欠かせない労働集約型で、かつオペレーションワークが多い事業形態だけに、組織的に標準化に取り組むことで、効果をより早く引き出そうとしたものである。

③「状態基準」を成果としてとらえられるようにする

どの企業でも、達成基準を数値化し、成果を判定しようとする。C社で

図表2-5　目標管理制度導入準備研修カリキュラム（2日間）

セッション	研修内容	時間
オリエンテーション	人事部長より、研修の目的解説と管理職に職場で目標管理制度を周知することを要請 人事課長と講師より、研修目的・スケジュール案内	1日目 9:00～ 10:30
1. 目標管理制度導入の意義	人事課長より、目標管理制度導入の意義の解説	
2. 目標管理制度の概要	①目標管理制度の概要（人事評価の目的、評価制度の概要、業績評価としての目標管理制度の進め方、目標管理の導入スケジュール、目標設定の発展段階等） ②質疑応答	
3. 目標管理の実践準備	①職場での目標管理展開の全体像とポイントをおさえる ②管理職に部門目標を納得づける ③管理職の個人目標を設定する ④部下の目標を設定する ⑤目標設定面談準備 ⑥質疑応答	10:40～ 17:00
4. 職場での目標管理導入意義の周知と部下の目標設定指導	①職場での進め方モデルをイメージする（説明シナリオとタイムスケジュール、使用ツール等） ②説明シナリオを部下のわかる言葉で加筆修正する ③説明リハーサルで相互にアドバイスし合う ④「共通化すべきシナリオ」「職場独自のシナリオ」を相互にすりあわせる ⑤人事課長より、コメントと説明スケジュールの確認	2日目 9:00～ 17:00

も、労働時間、業務処理時間、コスト等が目標管理シートの達成基準として埋めつくされていた。しかしスキルアップ行動や顧客サービス向上活動などの「状態基準」も成果である。状態基準をいかに成果としてとらえるかが今後の運用課題である。

　目標を設定したことのない状態からスムーズに踏み出すために、発展段階を設けて設定レベルを引き上げる試みは、部門別の段階的導入としても応用できる。

(3) 目標項目・達成基準の設定に切り替えた例
①重点的に取り組む目標を意識させる
　少子高齢化により市場規模の縮小が予測されることから、新規事業の展開

を盛り込んだ中期経営計画をもとに成長・発展をめざすことになったD社の例である。経営トップは、「中期経営計画を実現させるには、年度の部門方針だけでは十分ではない。社員一人ひとりの取り組みに落とし込む必要がある」と感じたのであろう。社員個人が重点的に取り組む目標を設定・展開させるため、目標管理制度を導入した。

② 設定する目標の条件を絞る

　制度構築にあたり、管理職の要望に耳を傾け、「年度の上位方針にもとづくこと」「目標を5つ設定すること」を、目標を設定するにあたっての条件とした。また、目標を自由に記述できるようフリースタイル（目標欄のみを設け自由に記述できる）方式の目標シートを用いることとした。

　フリースタイルの目標シートは自由に記述できる一方で、目標項目（目標の方向性）と達成基準（目標レベル）が混在しかねない。加えて目標設定のスキルが身についていないために、「目標があいまいなものとなり、その結果として評価があいまいになる」という問題が生じる。D社では管理職の懸命な指導もあり、次のような工夫で導入初年度を乗り切った。

③ 「望ましい目標」を抽出し共有化をはかる

　目標を設定するにあたっては、「定性目標は、スケジュール基準（期限までにやるべきことを示す）と状態基準（期限までに到達する状態を示す）でとらえる」が定石のノウハウとされる。これら目標設定の工夫・ノウハウに目標サンプルを加えた「目標ガイド」を編集して研修を実施し、管理職および社員の目標設定のレベルアップをはかった。

④ 目標シート見直しを含め段階的にレベルを引き上げる

　フリースタイル方式のシートが目標をあいまいにしていることを実感した管理職は、人事部門に目標シート改訂を提案した。目標項目と達成基準を分けてとらえるシートへの見直しなど、成果を意識することを次のステージとしている。

　それは、成果を生産性向上、顧客の創造・維持、社会貢献でとらえ、達成基準に具体化し、さらに目標設定段階で、成果物をイメージして取り組んで

いくものである。そのための運用スキルとして、筆者は「7つの評価の証」の活用を奨励している（第Ⅳ章参照）。

(4) ノウハウを浮き彫りにし、目標設定スキルを鍛えた例
①経営管理・人事評価制度両面のニーズから目標管理を展開
　E社は20年以上にわたり、目標管理を進めてきた。導入の背景に、経営管理上、経営方針を末端社員までブレークダウンし、いわゆるQCD（品質、コスト、納期）を徹底する必要があったことがあげられる。社員の取り組みを公正に評価し、育成に結びつけるため、目標を業績考課に反映することも期待されていた。

②設定した目標のすぐれた点に気づくと改善指摘を受け入れやすくなる
　目標管理は、設定、達成管理、評価のサイクルを回す営みであり、毎年繰り返される。設定する目標も、品質向上、受注獲得、製品開発など毎年繰り返されるものばかりであることから、マンネリ化は避けられない。そのため「毎年繰り返される目標でいかに部下を動機づけるか」に頭を抱える管理職が多かった。

　マンネリ化の壁を破るには、設定している目標を利害関係のない他社や、本来の目標の姿と比較してみるとよい。記述内容を診断してみると次の点にすぐれていることが判明した。

◆営業担当者は、売上げ、利益、回収の三大定石営業目標をおさえている
◆製造担当者は、共同目標ゆえ、かかわる部門・メンバーを表示している
◆開発担当者は、特許申請等ゴールの明示しやすいものを取り入れている
◆総務担当者は、達成基準を3つに分け、箇条書きで具体化している

　すぐれた点がわかれば、改善指摘事項を受け入れやすくなる。
　研修を通じ管理職は、部下の目標設定のすぐれた点と改善点に気づき、改善をはかるための新たな目標設定ノウハウを習得した（第Ⅲ章参照）。

③職場の特性に合わせて目標をブレークダウンする
　次なるステージは、職場の特性に合わせて部門目標を社員の目標にブレー

クダウンすることである。

　E社の製造現場では、管理監督者はイレギュラー対応で工場内を駆け回り、デスクにいることはない。部下も終日、機器の操作・監視・メンテに追われている。管理職と部下が顔を突き合わせて面談ができる職場環境ではないのだ。また全員が一堂に会すのは朝礼の時間のみであるため、課長は朝礼時に30分かけて係長や班長から問題を吸い上げ、全員に指示を出している。

　そのようななかでも進められる目標ブレークダウンのスキルが「組織目標ブレークダウンの4タイプ」（**図表3-5**）である。ゆとりのある職場であれば、「課題組み立てチャート」（**図表3-4**）を用いて、ミーティングを通じ進めていきたい（第Ⅲ章参照）。

(5) 運用ノウハウを蓄積し共有化した例
①人事評価基本研修だけで終わらせない

　目標管理を含め新人事評価制度を導入したり、改訂する場合、どの企業も人事評価基本研修で管理職にトレーニングする。だが、それが一巡したあとの対応は、企業で分かれる。

　ほとんどの企業は、新任管理職を対象とした人事評価基本研修に移行し、これのみを実施する形をとるが、評価および運用を強化する研修も新たに加えて実施している企業がある。F社では管理職への評価制度改訂研修を終えると、新任向けの基本研修移行とあわせ、目標管理・人事評価制度の運用強化の課題解決に着手した。

②まず管理職の運用ノウハウを抽出・可視化しまとめる

　最初に着手したのが、それぞれの管理職がもつ運用ノウハウを抽出・可視化し運用ノウハウ集をまとめることである。開発、管理、営業、製造など、あらゆる部門の管理職をインタビューし、各種資料も収集・解析して集大成した。10年経過してもそれは色あせることなく、現在でも管理職に支持されている。

　図表2-6は、運用ノウハウ集の目次を抜粋したもので、たとえば「Ⅱ-2.パー

ト社員のわかる言葉で、支店目標設定背景を周知する」には、新年度の支店目標の設定背景をパート社員や新人にも理解できるよう、支店長が平易に嚙みくだいて説明したシートを掲載している。朝礼などで配布し、説明を繰り返すことで周知をはかっている。また、「Ⅱ-4.全社ビジョンを担当者の業務に関連づけ、行動を促す」は、経営ビジョンと業務の関連を表でまとめたものである。これにより経理担当者、設備保守担当者は、自らが担当する業務がどのビジョンに該当するかを識別した行動ができる。「Ⅱ-7.評価の証「営業報告書」を行動評価の判定根拠にする」は、営業課長が評価の裏づけとして、部下の際立った活動が記された報告メールと添付ファイルを保存していた事例である。

③人事評価実務研修で継続的にノウハウを抽出・蓄積・共有化

この運用ノウハウ集をもとに人事評価実務研修を実施した(**図表2-7参照**)。研修では、「運用ノウハウ共有化」「運用スキル習得」の両アプローチが用いられた。

運用ノウハウ共有化アプローチでは、目標設定ノウハウのコメントが記入された目標シートを全員で共有化し、「このように明確にするのか」と納得が得られるようにした。また、運用ノウハウをテーマ別に検討し、その結果をホワイトボードにまとめたり、検討シートに書き入れ、それを研修参加者

図表2-6　運用ノウハウ集目次立て(抜粋)

Ⅰ. 当社制度の運用ノウハウ (Q&A集)
1. 部下の目標を設定するうえの心がけ
2. 部下の目標の達成管理を進めるうえの心がけ
3. 部下との評価面談を進めるうえの心がけ
Ⅱ. 当社制度の運用ノウハウ (実例集)
1. 職位に合わせて目標の達成基準を明確にする
2. パート社員のわかる言葉で、支店目標設定背景を周知する
3. 他部門からの評価で納得性を高める
4. 全社ビジョンを担当者の業務に関連づけ、行動を促す
5. 担当者の業務を部門の役割に関係づけ、意義づける
6. 研究開発活動を評価の証「エビデンスファイル」で自己評価する
7. 評価の証「営業報告書」を行動評価の判定根拠にする
8. 評価の証「現場日報」を行動評価の判定根拠にする

図表2-7　人事評価実務研修プログラム

カリキュラムと研修概要	研修アウトプット
研修準備 参加者の目標シートをもらい、講師がその場でコメント記入	目標設定運用ノウハウ コメント記入目標シート
オリエンテーション 研修の目的・スケジュールおよび自社運用ノウハウ事例集を紹介	
1. 目標管理の基本と目標管理展開スキル ①目標管理の基本的考え方と進め方 ②目標明確化スキル、難易度検討スキルの習得（コメント記入目標シートで設定法の運用ノウハウ共有化） ＊講師が巡回し、グループ別に運用ノウハウを抽出	グループ別の講師コメント（コピーボード）
2. 部下を想定し自社の評価制度で演習 ①受講者の部下を想定し、行動考課演習を実施 ②評価の証、評価項目の特性と目のつけどころをおさえる ③部下を想定し評価のフィードバック面談演習 ＊講師が巡回し、グループ別に運用ノウハウを抽出	評価の証メモ グループ別の講師コメント（コピーボード） 育成フィードバック面談段取りシート
3. 運用ノウハウ検討とまとめ ①当社の部門別の運用ノウハウ紹介・共有化（事前調査でまとめた運用ノウハウ実例集を活用） ②テーマ別（たとえば差がつかない仕事でいかに差をつけるのか等）にグループを再編成し、運用ノウハウをまとめる ＊講師が巡回し、グループ別に運用ノウハウを抽出	グループ別の講師コメント（コピーボード）および運用ノウハウ検討表
4. その他の運用ノウハウ、スキルの紹介 目標ブレークダウン、組織目標意味づけスキル、その他役立つマネジメントノウハウ、スキル等	
5. 総括	
■人事部講話と質疑応答	

に当日配布するとともに、人事部門が保存して蓄積している（**図表2-8**）。

　運用スキル習得アプローチでは、「育成フィードバック面談段取りシート」をモデルとして活用している。

④時流に即したテーマを研修に取り入れる

　運用ノウハウを検討するにあたっては毎年、同じテーマを取り上げるのではなく、時流に合わせたテーマを追加したい。たとえば「年長の部下の目標設定と評価指導」「働き方改革のなかで、残業管理をしながら、目標達成に導く」などが新たなテーマとしてあげられる。

図表2-8　運用ノウハウ検討テーマ例（目標管理と人事評価、モチベーション等）

目標設定・達成管理
－達成までに長い期間を要する（複数年度にまたがる）業務の目標設定・管理・評価手法
－無難な目標しか設定しない部下の目標をレベルアップさせる
－資格に合致しない過大な目標を設定する部下を指導する
－目標の難易度を高く設定する部下を指導する
－定性的目標を定量的目標へ置き換える
－組織目標と直接関係のない目標を設定する部下を指導する
－未知の目標（あらかじめ明確にできない目標）を設定・達成できるよう指導する

人事考課
－能力・態度考課で、評価基準に照らすと、資格に定められた基準に満たない行動が多い部下を評価・指導する
－これまでの職務経験と大きく異なる職場に異動した直後の評価
－差が生じにくい職務で、評価にメリハリをつける

モチベーション・フィードバック
－達成度（貢献度）の自己評定より低い成果評定に納得しない部下にうまくフィードバックする
－評定内容には納得したが査定には納得しない部下を評価・指導する
－設定目標にかかわる業務は遂行するが、目標外の業務が評価対象とならないとおろそかになる部下を評価・指導する
－定常業務（ルーチンワーク）を主に担当する部下のモチベーションを向上させる
－業績や行動内容のフィードバックに加え、次期への取り組み意欲を高める

5. 時代の潮流に合わせた目標管理

(1) 定年後再雇用者を動機づける
①再雇用者に目標管理を適用する意義
　60歳定年を迎え、再雇用された人に、新たな気持ちで働いてもらうために目標管理を導入している企業がどれだけあるのだろうか。定年後も目標を設定させる企業よりも、再雇用後の勤務時間や年俸額、業務内容が記された嘱託契約書を本人と交わすだけの企業が多いように映る。

　企業は、再雇用者にもいままでどおりしっかり働いてもらうことを期待し、それゆえ大半の定年後再雇用者を、キャリアを活かせる慣れた仕事に就かせている。とはいえ、だれもが自分の強みを活かせる仕事に就きモチベーションが高いというわけではない。再雇用者に目標を設定する意味はあるのだろうか。

②再雇用者を活性化させる目標設定
　ここでは、再雇用者が自らのために目標を設定する仕組みと手法を紹介する。まだ試行が繰り返されている段階ではあるが、再雇用者の職務を関係先への貢献活動ととらえて貢献目標を設定するものである。目標を「貢献先」「目標項目」「達成基準」に分割することで貢献先を意識し、組織を通じ社会貢献をはかることから、「社会貢献目標設定法」と呼んでいる。

　今日、高齢者は前期高齢者（65～74歳）、後期高齢者（75歳～）と定義されている。その高齢者の現状と課題について、「退職によるストレスからの解放の観点からは健康にプラスの影響が、社会参加の喪失や経済的困窮の観点からはマイナスの影響が示唆された」とする研究成果（藤原佳典「高齢者の就労の現状と課題」『老年社会科学』2016年4月号）が発表されているように、社会参加の喪失は大きな課題であることがわかる。

　定年退職を迎えると、多くの人がリタイア後に、「あのときはよかった。

職場で働けたことが社会参加であった」と初めて実感するという。そこで、リタイア前から社会参加意識を育み、リタイア後の社会生活につなげられるよう、社会貢献目標を設定するのである。

③年長の部下にはリタイア後を視野に目標を設定させる

社会貢献目標を設定するにあたっては、ポイントが2つある。

一つは、年長の部下の指導育成を苦手とするなら、その克服のため、「年長の部下を活かす取り組み」をやってみることである。**図表2-9**は、その実例・ノウハウをまとめたものである。年長の部下を活かし、コミュニケーションが進めば、目標設定がやりやすくなるはずだ。

もう一つが、年長の部下に、現在、取り組んでいる目標の価値を、リタイア後の視点で気づかせることである。取り組み目標がリタイア後にどのように役立つかを本人に想像させイメージさせることができれば、目標に取り組むやりがいが倍増する。

図表2-10は、勉強会を通じて職場の同僚に知見を伝承していくことを想定した社会貢献目標設定モデルである。勉強会を通じてファシリテーションスキルを磨き、リタイア後も町内会の会合の司会進行役等として役立てられる。

(2) マネジメント活動モデルで女性活躍を推進

①ロールモデルよりも活動モデルを

女性管理職を増やす取り組みが進められている。企業の人事部門は、先輩の女性管理職を見習い手本にせよとロールモデルを奨励するが、先陣をきって管理職になる者にロールモデルはいない。またロールモデルは存在しても、すべての部門にいるわけでもない。

そこで推奨したいのが、「活動モデル」である。今日では性差に関係なくマネジメントを進めるのが当たり前となっている。ならば、前任管理職のマネジメント活動を可視化し、部門の特性に応じた日々のマネジメント活動の手本とするのである。もちろん、目標管理を進めるための目標の設定、半期

図表2-9　年長の部下（定年後再雇用のシニア社員含む）の評価・指導ノウハウ

原因・現状	運用上のポイント	他社で抽出したノウハウ・アイデア
元は自分の上司だったので指導しづらい	参画・役割付与のマネジメント	◆発言（提言、問題提起、助言）機会の場を確保（ある発電所の保守部門では、50歳代のベテラン担当者を人事考課支援者とし、毎月のグループ会議で、部下への指導育成への情報提供や提言をさせている） ◆技能伝承の役割を付与 ◆上司の補佐役として活用
上司の私は年下であり、人と仕事を分けられない	強みを活かすマネジメント	◆過去のキャリアの得手とする職務（長年にわたり経験を積んでいる分野）を継続して担当してもらう
	弱み（新規取り組み含む）を組織・上司が補完するマネジメント	◆フォークリフトのオペレーターは、遠近感の低下にともない、小型フォークリフトの職務に転換（レッカーリース業） ◆Excelの苦手なベテラン営業担当者数名に外部講師によるExcelトレーニングを実施し社内資料を作成できるようにした（メーカー）
	尊重するマネジメント	◆長幼の序にもとづき、丁寧な言葉遣い、姿勢で臨む
マイペースに仕事をし、こちらの期待に応えない	節目ごとに相互の期待をすりあわせる	◆毎月の活動報告面談にて、上司からは「協力要請事項」を、部下からは「上司への要望事項」を伝え、ウィンウィンの関係づくりを進める（教育サービス業）
「給与が大幅に下がった」と不満をもらす	世間相場並み、またはそれ以上であることを気づかせる	◆アウトプレースメント会社、経営雑誌等から世間相場の給与情報を収集・提供し、遜色ないことを気づかせている（メーカー）

ワンポイントメモ
気兼ねしているのは年上の部下も同じです。そう思えば、「立場は変わりますが、長年の経験を活かし、今後もわれわれを支えてほしい。ついては、今年度は…をお願いしたい」と素直な気持ちを年上の部下に伝えることもよいのではないでしょうか。

出所：『SANNO Executive Magazine』(2014年6月)、『工場管理』(2013年10月号) ほか（金津健治執筆）

図表2-10　社会貢献目標設定モデル

社会貢献目標			達成計画	リタイア後のメリット
貢献先	目標項目	達成基準		
同　僚	知見伝承	年度内に自ら講師となって勉強会を3回以上開催する	①勉強会のテーマと目的を整理し、勉強会企画案を課長に提示して承認を得る ②テーマ別勉強会スケジュールと教材を作成する ③自ら講師となって勉強会を3回以上開催する。質疑応答含む	勉強会を通じて、ファシリテーションスキルを磨き、町内会の会合の司会進行役のスキルとして役立てる

の中間面談なども含まれる。それらマネジメント活動を一覧にまとめたものが「マネジメント活動体系表」である（**図表2-11**）。

可視化にあたっては、現在のマネジメント活動を以下の5つの視点で具体化している（第Ⅴ章参照）。

◆場・手段（会議・ミーティング、面談、電子メール、朝礼、巡回など）
◆目的（検討・決定、共有化・伝達、問題吸い上げ、対策アイデア出し、動機づけ、納得づけなど）
◆参画メンバー
◆実施時期、時間
◆進め方の工夫（分担、ツールの活用など）

②役割（ロール）とマネジメント活動を体系づける

管理職就任1年目は体系表にもとづき、先輩のマネジメント活動を手本とし、2年目から自身の思いを具体化する。たとえば「目標達成に向け部下に合わせた支援をする」という思いは、「3ヵ月に1回の定例面談」として具体化する。これにより、管理職の部下指導育成の役割（ロール）とマネジメント活動を体系づけ、抽象的なロールを具体的な活動に移す道筋を示すことができるようになり、段階的推進の次のステージに進められる。

(3) 働き方改革を進めるなかでの目標管理展開

①働き方改革と業務効率化

働き方改革とあわせ、残業時間の規制も始まっている。各職場では、これ

図表2-11 総務課長を想定した年間の主なマネジメント活動体系表

場・手段	目的	参加メンバー	実施時期等	実施にあたってのポイント
朝礼	①1週間の業務予定の確認 ②日々の業務指示	課長以下メンバー全員	毎朝 8:30〜8:45	①主要行事を年間スケジュールで組んでおき、朝礼時に確認 ②月曜日の朝礼は10分早めて実施 ③トラブルや例外事項は都度報告し、課長不在時は係長が判断する
月例課会	①課の年度方針を周知 ②毎月の業務実施状況を把握・指導する ③課の月次方針・予算の進捗管理を行なう	課長以下メンバー全員、年度初め、中間、末には部長も参加	毎月3日 17:00〜18:30	①年度初めは課の年度方針の設定背景を周知する ②業務報告書を月末に上長に提出しておく ③年度初め、中間、末は部長より指示がある ④方針・予算と実績のズレの発生要因・対策を周知する
勉強会	①未着手の規定類の見直し方を指導する ②その他、業務上必要な知識を教授する	課長以下メンバー全員（講師は課長）	7月より 毎週木曜 17:30〜18:00 （10回）	①社内慶弔業務を5テーマを7月から毎週木曜の夕方に30分時間を設け、1テーマ2回で終了させる ②9回目頃に部下の要望を確認して11回目以降、実施するかを課長が決める
中間評価面接	①年度目標の中間評価を行なう ②取り組みを把握・確認する	課長とメンバー各自	9月末 一人につき 30〜50分	①業務報告書で自己評価させ、課長に提出させる ②目標見直しの際には、次のたたき台を用意しておく ③目標達成状況だけでなく、その他の取り組みも確認する
評価面接	①年度目標の達成度を評価する ②次年度の目標を設定する ③年度の能力および意欲考課を行なう	課長とメンバー各自	3月末 一人につき 30〜50分	①業務報告書で自己評価させ、課長に提出させる ②次年度の目標のたたき台を用意しておく ③評価の裏づけを用意しておく
部長報告	①全社方針確認後、総務部の方針を確認 ②総務課の方針を承認してもらう ③課の月次方針・予算の進捗管理を行なう	総務課長と総務部長	毎月2日 13:00〜14:00	①前年度の3月20日前後に、総務課方針のたたき台を提示しておく ②方針・予算と実績のズレの要因と対策を必ずまとめておく

まで以上に、社員一人ひとりの力量や家庭の事情に配慮して、目標・職務を割り振らなければならない。

　ある企業では、新勤怠管理システムを導入し、出社と同時にその時間を入力し、帰りは退社時間を入力している。あらかじめ設定されている残業時間量に近づくと、管理職に知らせる仕組みとなっており、部下にそれ以上、仕事を割り振れないことがわかる。

　管理職は部下とのコミュニケーションの取り方やマネジメントを見直し、業務効率化を進めなければ、部下の仕事の時間も、自身の時間も確保できない。目標管理どころか、本来の業務が停滞しかねないのだ。このような待ったなしの状況のなか、各社とも試行錯誤で働き方改革が進められている。

　では、管理職はどのように対処すればよいのか。

②マネジメントにメリハリをつける

　どの企業でもこの変化への適応に向け、大なり小なり業務効率化に取り組んでいるが、マネジメントにメリハリをつけることは見落とされがちである。

　目標管理も人事評価も、管理職と部下の良好なコミュニケーションを期待するが、コミュニケーションを取っている間は、互いに担当業務（プレイングマネジャーも担当業務をもっている）の遂行がストップする。だが、コミュニケーションを取らなければ指導はできず、部下の生産性は上がらない。このジレンマを抱えながら、管理職はコミュニケーションをはかり、指導をしなければならない。

　したがって限られた時間をいかにうまく配分するかといった発想転換が求められる。ある企業では、目標設定段階は丁寧な面談ではやりきれないと、上司が目標を指示し目標設定を短時間で終えるよう、周知徹底型をとる管理職もいるそうだ。

　どのような方法であれ、プラン・ドゥ・シーのサイクルを回す目標管理、日々のマネジメント活動にメリハリをつけることが欠かせない。

　具体的な進め方は第Ⅴ章で紹介する。

Ⅲ
組織方針・目標と個人目標のベクトルを合わせる

組織目標と個人目標のベクトルを合わせるには、管理職はマネジメントの状況や繁忙感に合わせ、手法・ノウハウを選択して組織目標による方向づけを行なったうえで、自身の組織目標とマネジメント目標の双方を自社のルールに則って設定する。手法等の選択にあたっては、この段階を丁寧に取り組めるなら、「課題組み立てチャート」「組織目標・方針意味づけシート」を用い、また簡単に進めたい場合には、「簡易版組織目標・方針意味づけシート」「組織目標ブレークダウンの4タイプ」を活用するなど、その時々の条件等により最適の方法を活用したい。

　部下の目標設定にあたってもベクトル合わせが必要である。部下の目標設定に多大な影響を及ぼすのが「部下への役割・職務の割り振り」である。メンバー全員の役割を認識し、さらに残業時間規制も意識しながら、組織目標を達成できるよう業務を割り振りたい。さらに、その割り振りをふまえ、部下の目標設定を幅広く指導できるよう、活用頻度の高い目標設定ノウハウ・手法を紹介する。

1. 組織目標で方向づける

(1) 組織方針・目標の設定背景を自身の言葉で伝える
①「説明したはず」なのに伝わっていない組織目標

　ある企業で、年度の組織目標が浸透しているかを全社員にアンケートでたずねた。「組織目標をきちんと伝えているか」の問いに、管理職層の80％以上が「イエス」と回答しているのに対し、「きちんと伝えてもらっている」と感じている部下は、イエスとノーが半々に割れた。

　このギャップについて詳細を調査したところ、「ちゃんと説明した」と回答した製造部門管理職の部下からは、「課長に、毎年繰り返し設定されるクレーム低減の目標の設定背景が去年とどう違うのかたずねたら、年度方針書を説明したはずだ。ブレークダウンすればよい、の一言だけで、背景の説明はしてくれません。納得なんかできません」と不満が伝えられた。

　上司の安易な説明・指導の実態が暴露される結果となったが、ではどうすれば部下に組織目標を納得させることができるのだろうか。

②部下にわかる言葉を用いることで納得づける

　管理職は、組織目標設定の背景を部下がわかる言葉で伝えなければならない。部下は、上長が示す組織目標を拠り所に、自らの目標を設定することが求められるからである。

　設定背景は、「きっかけの動機」「たとえば」「メンバーへの影響」「ねらい」の４つのキーワードで整理するとわかりやすい。年度初めなど部門目標を伝達する機会に限らず、上期が終わったタイミングでの下期部門目標の意味づけ時、期中での部門目標の変更時の背景説明にも活用できる。

■進め方■

1. シートを準備する

　年度目標に関連する資料と「組織目標・方針意味づけシート」（**図表3-1**）

図表3-1　組織目標・方針意味づけシート（記入例）

組織目標	タイプ	意味づけ内容
設計品質の向上	きっかけの動機	ライバルの○○社の追い上げにより、××からの受注が激減した。このままいくとジリ貧となり××からの受注がなくなり当社の経営の屋台骨を揺るがすおそれが出てきた。そこで設計品質を向上させ、○○社との差別化をはかり有利に展開することが求められる。
	取り組み例	目標達成手段として、週間勉強会で設計マニュアルをメンバーに周知徹底する。
	メンバーへの影響	（デメリット） 勉強会を開くためのテキスト作成等の準備負荷が発生する。 （メリット） 勉強会を通じ、メンバーの設計能力が向上する。 お客様にも感謝され、やりがいも増える。
	ねらい	設計品質を向上させ、競争力を高める。 メンバーの設計能力向上をはかる。

を用意する。部門の目標を、シートの「目標・方針」欄に記入する。

2.「きっかけの動機」を整理する

　きっかけの動機とは、目標設定のきっかけとなった出来事や影響などである。これを整理し伝えることで、目標の重大さが明確になる。**図表3-1**では、競合の追い上げで受注が減少した事実をあげている。

　きっかけの動機は、意味づけのもっとも重要な視点でもあるので、動機をとらえるにあたっての視点を広げておきたい。**図表3-2**は、よく取り上げられる目標をまとめたものである。動機の種類の豊富さに注目してほしい。

3.「たとえば」（取り組み例）を整理する

　目標達成に向けた取り組みをメンバーにわからせるため、その手段や方法を示す。**図表3-1**では、品質管理マニュアルの勉強会を実施したり、設計品質向上に向けてメンバーの設計力を高めていくことがイメージできる。

4.「メンバーへの影響」を整理する

　部門の目標とメンバーの業務との関係に気づかせるため、目標に取り組むしんどさ（デメリット）とメリットを示す。**図表3-1**には、勉強会準備業務が増大することがデメリットとして記載されている一方、メンバーの設計力

図表3-2　組織目標・方針意味づけ「きっかけの動機」のヒント

部門	組織目標	きっかけとなった動機の要約または抜粋
製造	客先クレームの低減	□直○班になり、新人の外国人を多数受け入れたため、スキルの未熟さからクレーム増加のおそれが出てきた
検査	仕上げ検査工程への不良流出防止	設備等の不具合、調整不足で後工程へ不良が流出。最終検査で食い止めるも、流出のおそれが出てきた
製造	ライン稼働率向上	課目標○/Hに対し、1月度の実績は△/Hと□/H低い
製造	客先不良流出0件	不良流出が○件あった。客先の信頼回復のためにも不良ゼロをめざす
保全	故障低減	故障が原因のライン停止による損失、復旧作業のための作業量の増大が発生。早急にゼロ化が必要
加工	仕上げ作業出来高の個人差解消	入社間もない派遣労働者が多く、仕上げ作業の出来高に個人差が生じ、計画どおり納入できず遅延が発生
物流	製品運搬時の転倒事故の低減	台車止め具の掛け忘れでキャップ運搬時の転倒事故が○件あった
検査	再発不具合流出防止	○社で△△件の不具合が発生（うち再発不具合□件）。○社からの信頼は低下し、社内で無駄な工数も発生
加工	客先不良流出低減	客先での不良流出が多数発生し、このままでは重大な問題になる
保全	型故障低減	型故障による突発対応が多く、修理の間はラインも停止させるので、生産性が低下する
加工	加工不良の低減	班員や担当ラインの入れ替え等で不良が多く発生し、客先に迷惑をかけている
保全	段取工数の標準化と品質向上	マシニング工程の○○段取の工数が作業者によりばらばらで、安定した品質が保てず、工数も安定しない
加工	塗装品質の向上	塗装工程では毎年○〜△件程度、客先への不良流出の不具合が発生している
加工	ライン不良率低減	現状○%の不良率。目標は△%
本社工場電気保全	鋳造ライン電気故障低減	モーター故障、機械トラブル等で長時間ライン停止が発生
保全	修理に長時間かかる故障の低減	△時間かかった修理が年間○件以上ある。長時間ラインを止めると納入に影響し後工程に迷惑をかける
機械保全	バランス不良低減活動	バランス不良が月○件以上発生
鋳造	設備故障の低減	人事異動で職場内の若年化が進み、点検・修理力が弱くなった
加工検査	内製加工品の客先品質不具合ゼロ	客先の品質不具合状況で自社の品質問題がワースト△に入り、客先の信用が失われつつある
保全	担当者の保全技術のレベル向上	工場立ち上げに際し熟練工がいない。保全されていないと万一の故障に対応できずライン停止等の損失を招く

Ⅲ◆組織方針・目標と個人目標のベクトルを合わせる

の向上、さらにはお客様に感謝され、やりがいも増えるというメリットが記されている。

5.「ねらい」を整理する

目標管理の真の成果である組織と個人の成長・発展との結びつきを整理する。**図表3-1**からは、部門目標と個人の目標が一致していることがわかる。

6.職場で設定背景を説明し、納得づける

以上を通じて管理者が整理した「意味づけシート」をもとに、課会などの職場会議で質疑応答を入れながら部下に説明する。4つの視点の内容が重複するところもあるが、さまざまな角度から目標設定の背景をわからせることが大切である。

③運用のポイント

■節目で活用する

「意味づけシート」を使って説明する機会は、年度の部門目標設定時、半期の折り返し時、そして部門目標変更時である。

■簡易版を用いると、実務の手間が省ける

このシートの活用にあたっては、1つの目標の背景整理に30分前後かかる。そこで4つの視点の背景整理をWordなどのワープロソフトを用いて1行ずつ（約30〜40字）に要約すれば、実務上の手間を省くことができる。

簡易版の進め方は、以下のとおりである（**図表3-3**）。

1.年度方針・目標の設定背景を「一視点、1行」でWordなどで記し、A4判シート1〜2枚にまとめる

2.メンバーに4つの視点（きっかけの動機ほか）で、組織目標・方針の設定背景を口頭で補足説明する

3.メンバーにはメモをとらせ、4つのキーワードを職場の共通言語にする

4.半期、年度、また目標の変更の節目に4つの視点で設定背景をまとめ、メンバーに伝える

図表3-3　簡易方式による「組織目標・方針意味づけシート」（記入例）

| 年度目標・方針設定背景 | 所属 | | 氏名 | | 年　月　日 |

目標・方針	タイプ	意味づけ内容
設計品質の向上	A B C D	ライバルの追い上げで受注減。差別化には設計品質向上が不可欠 メンバーを対象に、週に1度、設計品質マニュアルの勉強会を実施 デメリット：勉強会の準備業務の発生 メリット：メンバーの設計能力向上と客先好評価でやりがい増大 競争力向上とメンバーの設計能力向上
○○の推進	A B C D	・・・・・・・・・・・・・・ ・・・・・・・・・・・・・・ デメリット：・・・・・・・・・ メリット：・・・・・・・・・・ ・・・・・・・・・・・・・・
…の効率化	A B C D	・・・・・・・・・・・・・・ ・・・・・・・・・・・・・・ デメリット：・・・・・・・・・ メリット：・・・・・・・・・・ ・・・・・・・・・・・・・・

A：きっかけの動機　B：目標達成に向けた取り組み例　C：メンバーへの影響　D：ねらい

(2) 意味の連鎖で組織目標をブレークダウンする

①意味の連鎖でブレークダウンを「伝言ゲーム」で終わらせない

　経営層が示した全社方針・目標を課や所の組織目標、さらには部下の目標等に具体化・行動化するのが、目標のブレークダウンである。組織目標を部下の目標に反映させるうえで重要であるにもかかわらず、伝言ゲームで終わることが多い。

　たとえば、「工期半減」を全社目標として打ち出した企業がある。これは、約束の納期に間に合わせられずに重要顧客を失った経験から、社長が打ち出したものだが、幹部はそれを字面のまま受けとめ、人事部門では「人事部門の工期＝研修期間」ととらえ、研修期間を半減した。人事部長が全社目標の設定背景を理解していれば、意味が連鎖した目標を設定できたはずだ。

　「工期半減に貢献できるよう、一人ひとりが部門間の垣根をなくし、納期を優先し、優先順位を組み替えるなどの状況判断が求められる。当社の社員

にはそれが欠けていた。だから、人事部門としては「状況判断力の開発強化」を目標の一つとして打ち出すことにする」

これが目標の設定背景の意味を理解し、それぞれの部門・立場で目標を連鎖させる「意味の連鎖」である。

②組織目標の設定背景を各担当者にまで落とし込む

組織目標の設定背景である「環境変化と自社への影響」を各担当者の分担にまで落とし込むためのツールが、「課題組み立てチャート」である（**図表3-4**）。部下にとっては、自身の取り組みの意味を組織目標の設定背景にさかのぼって確かめられるので、納得性が高まる。

■進め方■

1. チャートの原紙を作成する

A3判の用紙と付箋紙を用意する。「環境変化と自社への影響」から「分担」までを付箋紙に記入し、A3判用紙に貼り付ける。

2.「環境変化と自社への影響」と「経営の目標・要求」は同時に考える

図表3-4（設計課のリーダーを想定）では、「設計品質の向上」という経営の目標・要求（設計部長の目標・要求を想定）に対し、その背景を「ライバルT社追い上げで受注が激減→（このため）X社からの受注がなくなるおそれあり→（したがって）差別化のためには設計品質の向上がカギ（になる）」と示している。

このように目標・要求の背景にさかのぼるのである。

3. 経営の目標・要求に応えるうえでの「制約・問題・原因」を探る

設計部長の目標・要求は、すんなり実行できるわけではない。さまざまな障害が課内に生じている。それら制約や問題（若手メンバーの設計能力が低いなど）を洗い出すことができれば、その解決が目標・要求の実現になる。

4. 制約・問題・原因を「課題・目標」に転換する

上記**3.**で制約、問題、原因を見極めたら、課題・目標（解決、遂行すべき事柄）を設定する。**図表3-5**では「若手メンバーの設計能力の向上」「○○設計ノウハウの共有化」などが、制約や問題ごとに検討されている。

図表3-4 課題組み立てチャート

環境変化と自社への影響	経営の目標・要求	応えるうえでの制約・問題等	課題・目標	達成基準・目標レベル	手段・方法	分担 L	分担 A	分担 B	分担 C	分担 D	分担 E
ライバルT社の追い上げで受注激減。X社の受注がなくなるおそれあり。差別化には設計品質向上が必須!!	設計品質の向上	若手メンバーの△△の設計能力が低い	若手メンバーの△△の設計能力の向上	若手メンバー全員が一人で△△の設計ができるようになる	若手メンバーの育成計画案、ツール準備	○					
					設計品質の重要性を確認し育成スケジュール分担を確認		○	○	○	○	○
					○○テキスト類の作成		○				
					○○セミナーに派遣			○			
					月例勉強会開催（5～10月）				○		
					各自職場で実地テスト		○	○	○	○	○
		マニュアルが活用されず望ましい設計基準が浸透しない	○○設計ノウハウの共有化	グループ内メンバー全員が○○設計方法をパソコンで検索できるようになっている	…………						
					…………						
		○○マニュアルが○年以降改訂されず顧客ニーズを満たせない	○○マニュアルの改訂	○年作成の○○マニュアルを見直し、最新版に改訂する	…………						

III ◆組織方針・目標と個人目標のベクトルを合わせる

5.「達成基準・目標レベル」を明確にする

　達成基準・目標レベルを明確化する。

6.「手段・方法」を提起する

　達成に向けての方法、達成手段を洗い出していく。部下にアイデアを出させるとよい。

7. 分担を割り振る

　最後に、提起された方法や手段の分担を部下と検討する。

③**運用のポイント**

　洗い出した取り組み事項等は、個人目標にしなくてもよい。大切なのは目標をブレークダウンし、達成に向け職場全体で取り組むことである。

(3) 組織目標BD 4タイプでブレークダウンする

①ブレークダウンするゆとりがないときは？

　前項で、組織目標をブレークダウンする方法として、「課題組み立てチャート」を紹介した(**図表3-4**)。ただしこれを用いるには、管理職にはミーティングなどで最低2時間はとっていただきたい。

　「プレイングマネジャーの私には、そんなゆとりはない。部下も多忙で、月に1回会議を開くこともできない」。そういう職場もあるだろう。とはいえ、組織の目標にベクトルを合わせて個人目標を設定しなければならないことは、部下も承知している。「上位目標にもとづくこと」が目標設定の条件になっているからだ。多忙な管理職は、組織目標のブレークダウンをどのように進めたらいいのか。

　その方法が「組織目標BD（ブレークダウン）の4タイプ」である。

②**組織目標は4タイプでブレークダウンする**

　組織目標を「商品分割型」「数字分割型」「グループ方針共有型」「目的・手段型」に分けて考えると、どのようにブレークダウンされていくのかが理解できるため、個人目標に結びつけることができる（**図表3-5**）。

図表3-5　部門目標ブレークダウンの4タイプ（例）

部門	部門目標		ブレークダウン4タイプ	部下の目標例	
	目標項目	達成基準		目標項目	達成基準
開発課	差益率の改善	6,000千円/半期（課員4名）	商品分割型	…商品のCR	2,500千円/半期（2名）1,000千円/半期（1名）
営業課	新規受注	20社件/年間	数字分割型	…を中心に新規顧客からの受注	1人当たり○社からの新規受注
総務課	課内業務の見直し	課内の業務の無駄を洗い出し、進め方等の見直しに着手する	共有型	担当○○業務の見直し	担当する○○業務を見直し、業務手引を改訂する
総務課	メンバーの専門性の向上	メンバー全員に教育機会を与える	目的・手段型	…教育の強化実施	…研修を月1回に増やす

■進め方■

1. ブレークダウンの4タイプを理解する

◆商品分割型…商品別・商品群別に業務を分担している製造部門、開発部門、営業部門では、組織目標を商品別にブレークダウンする。担当者の目標については、担当商品ごとに目標を設定する場合もある。**図表3-5**は、開発課が製品の改良を通じて差益率を改善するコスト低減の目標をブレークダウンしたものである

◆数値分割型…営業部門では、部門全体の数値目標を担当者全員に分割する。この方法は、製造部門でも用いられる。**図表3-5**は、合計20社の新規開拓の組織目標の数値を分割し、営業担当者に割り振るものである

◆グループ方針共有型…部門を問わず、定性的に設定される組織目標は、設定背景と達成基準を共有し、メンバーが自らの業務にもとづきブレークダウンしていく。管理職が丁寧に組織目標を説明することが前提となる

◆目的・手段型…組織目標を達成することを目的に、手段として、個人目標を設定させる。定性的な組織目標であり、部門を問わない。ただしメンバーが手段を思いつくとは限らない。経験の浅い若手社員にとっては、ブレークダウンが重荷になることもあるので、管理職は手段の手がかりを示

Ⅲ◆組織方針・目標と個人目標のベクトルを合わせる

すことが望ましい。**図表3-5**は、教育の手段として研修をあげている

2. 前年度実績をもとに4タイプを準備する

　管理職は、前年度の部門目標を組織目標に位置づけ、4タイプに該当する前年度の部下の個人目標をブレークダウン・モデルとしてまとめる。4つのタイプごとに組織目標と個人目標のつながりが部下にわかるようにしたい。

3. 職場の状況に合わせ、朝礼・小ミーティングにて口頭で伝える

　朝礼や小ミーティングなら、多忙な管理職でも直接に伝えることができる。電子メールのみとはせず、必ず口頭で直接、伝えていただきたい。1回の説明時間を長く取れなければ、数回に分けて説明すればよい。

　説明の段取りをまとめると、以下のとおりである。

◆ 紹介する4タイプは、組織目標を個人目標にブレークダウンするタイプを示すものであり、個人目標設定の手がかりとするよう求める

◆ 管理職が作成したブレークダウン4タイプの雛形を説明する

◆ 質疑応答

③**運用のポイント**

■それぞれの特性に応じてメリハリをつけて指導する

　自部門の目標設定例をもとに、わかりやすい雛形で部下に周知する。グループ方針共有型は、組織目標設定背景を丁寧に説明し、目的・手段型は、さまざまな手段を示すことが大切である。

(4) 上位方針が示されない場合は、組織目標を創造する

①**いつも上位目標が示されるとは限らない**

　「部長が部の目標を示してくれなければ、課の組織目標をまとめられない」と思うかもしれないが、部の目標が常に提示されるとは限らない。上司である部長が部の目標を打ち出さないのには、2つの理由が考えられる。

　一つは、目標設定に課の積み上げ式をとる企業では、すべての課長から今年度の達成状況をもとにした次年度の組織目標のたたき台が部長に提示されなければ、部の目標を提示できないからだ。

もう一つは、経営トップが全社の年度数値目標（売上げ、利益、ROEなど）だけを示し、達成に向けた計画策定等を部長以下に委ねる場合である。部長の目標設定力によっては、部の方針が定められないこともある。
　いずれの場合であっても、課長は課の目標を打ち出さなければならない。

②環境変化とその影響を目標設定の拠り所とする

　課の目標を設定するにあたり、上位目標ではなく、環境変化とその影響を拠り所とすれば、たとえ経営者や部長が上位目標を示さなくとも、課の組織目標を打ち出すことができる。

　「環境感知法」と呼んでいるこの手法は、課長に限らず、だれでも活用できる（**図表3-6**）。まずは、管理職である課長が、課を束ねる責任者として設定するとよい。

図表3-6　環境変化・影響への適応シート

環境変化	自社への影響 （プラス、マイナス）	プラスをチャンスに、マイナスを回避する着眼点	目標項目 （何を）	達成基準 （どのくらい）
ライバルB社が高い品質の設計ノウハウを確立しT社に提供 （社外の変化）	大口ユーザーT社の受注が大幅に減少	B社との差別化には設計品質向上をはかることが必要	設計品質向上 （設計部門）	設計技術者が○種類以上の製品を設計できるようにする
新規参入企業が増加し○○が供給過多になる （社外の変化）	自社のブランドイメージが相対的に低下する	製販技が一体となって新規開拓を強化	同左 （製造部門・営業部門）	共同営業方式で○社以上の新規先から受注をとる
リーマンショック以降、需要減となる （社外の変化）	採用した工場の操業準備要員が余剰となる	余剰人員の活用	余剰人員育成の推進	雇用調整助成金にもとづき余剰人員に対して教育を企画・実施する
			余剰人員の活用策立案・実施	上期までに製造部門と人事部門共同で活用策を立案・実施する
ここ数年、再雇用した○○世代の退職が続く （社内の変化）	工場の有能な技能者から中堅・若手クラスへの○○分野の技能継承が止まってしまうおそれがある	○○分野における技能継承の推進強化	○○分野における技能継承制度の早期確立・実施	再雇用制度を見直し、継承指導を上期中に開始できるようにする

■進め方■

1. 環境変化を記入する

　環境変化をさまざまな視点でとらえる。たとえば、「社外の変化」としては、法律、税金、人口構成、ライフスタイル、技術、ライバル、物価や地価といった経済の各種項目など、「社内の変化」であれば、人員構成、組織機構、業績、ビジョン・価値観、事業、経営トップ、経営手法、人事制度などがあげられる。

2. 自社へのプラス、マイナスの影響を記入する

　現在生じているプラス、マイナスだけでなく、これから生じることが予想される影響も記入する。「業界の需要・自社の受注が増減する」「ライバルが強まる、弱まる」など、幅広くとらえたい。

3. チャンスを活かし、リスクを回避する着眼点を記入する

　着眼点をいかに幅広い角度から洗い出すことができるかで、目標が大きく左右される。部門内でミーティングを開き、衆知を集め検討することも一つの方法である。

4. 目標項目・達成基準の設定

　目標項目（何を）は、着眼点をそのままスライドさせてもよい。達成基準（どのくらい）は、「数値基準」「状態基準」「スケジュール基準」で具体化する。目標項目には目標の方向性を記入する。

③運用のポイント

■上下間の認識ギャップを縮めるよう努める

　環境変化とその影響は、部長、課長、メンバーのそれぞれが同レベルで認識しているわけではない。それは、立場により変化の兆候を感じる場面や優先順位、問題意識が異なるからである。ここで大切なのは、会社上層部とメンバーでギャップが生じた場合に、変化・影響度の重要性を共通して認識できるようにすることである。課長である管理職はパイプ役となり、認識ギャップを縮めるようにしたい。

　あるメーカーでは、**図表3-7**のような認識ギャップが生じていた。

図表3-7　経営トップと末端社員の認識ギャップへの対応シート

事業環境の変化とインパクト（影響）	経営トップの認識	末端社員の認識・行動	予想される今後の課題
①異業種からの参入により競争激化→利益減少、売上げ減	・海外の購買力強化	・優先順位が高いと認識	・能力不足ゆえ、社外との提携を見直す ・社外より人材を引き抜く
	・外注部門は「品質低下リスク」が生じるおそれあり	・製品に応じて柔軟に対応すべきと感じている	・トップの意思決定による品質保証対策を実施
②顧客ニーズの変化、ユーザーのダイレクト販売志向	・必要性を感じるも代理店戦略中心	・代理店販売に疑問を感じているメンバーが多い	・代理店戦略の功罪整理（短期・長期の視点で）
③顧客ニーズの多様化	・新製品開発の要求	・優先順位が高いと認識	・オリジナル技術の開発
④社員の高齢化と人件費の増大	・人員削減 ・1人当たりの生産性アップ	・多忙で人員が足りないと認識	・マーケットインの開発体制 ・人材育成、ミドルクラスの業務遂行力の向上

■環境変化と影響の予測がはずれたら、目標を見直し修正する

　当初予想したとおりに環境変化や影響が生じるわけではない。当初の予想と異なるときは、その差異を確かめ、目標を修正する。

(5) 繰り返し設定される組織目標を納得づける
①同じ部門目標がなぜ毎年、設定されるのか

　筆者は管理職研修などで、「5年間、売上げ目標達成、営業活動の生産性向上、ユーザー満足度向上を所の目標として掲げてきました。営業所長として、毎年繰り返し同じ部門目標を設定してよいものなのか、疑問に感じます」というような質問をよく受けるが、部門目標が繰り返し設定されるのにはそれなりの理由がある。目標は成果そのものであり、企業の三大成果といわれる「顧客の創造・維持」「生産性の向上」に欠かせない。そのため、新製品開発強化、売上げ・利益確保、コストダウン、品質向上、納期短縮、業務効率化や人材育成などは、部門目標として繰り返し設定されるのである。

　ちなみに、三大成果の最後の一つは「社会貢献」である。企業が事業を営むことで雇用が生まれ、製品サービスの提供により消費者が潤うことを考慮

すれば、あえて目標として設定されることは、まれである。

　企業を取り巻く環境は、目まぐるしく変わっている。そのようななかで、同じ部門目標を繰り返し設定することを部下に納得してもらうには、それなりの説明が求められる。

②組織目標を反映させる方向を整理し納得性を高める

　同じ目標であっても、前年度と今年度の組織目標の関連がわかるよう、「今年度反映の方向」について①継続、②中止・静観、③終了で整理すると、部下も納得しやすい。

　「メンバー全員のおかげでクレームの削減をはかれた。しかし顧客の要望は日増しに高まっているので、来年度もクレームが出ないよう努力を続けることが重要である。だから来年度もクレームの削減を目標として掲げる」

　このように当年度の目標達成度を振り返ると、同じ目標を次年度も継続することを納得してもらえるうえ、変化適応の意味も反映できる（**図表3-8**）。

■**進め方**■

1. 前年度の組織目標（目標項目、達成基準）と達成度を記入する

2. 今年度の組織目標および達成基準を記入する

3. 今年度の目標を方向づける

　前年度の組織目標と今年度の組織目標をどのようにつなぐか、「今年度反映の方向」を①継続、②中止・静観、③終了、のいずれかで整理する。

◆終了…目標の達成にかかわらず、その年度で区切りがつけば「終了」となり、次の年度の目標として設定されることはない。プロジェクトの目標や、各種基準の見直しなどが考えられる

◆継続…目標達成にかかわらず、次年度も設定する。達成できた目標でも数年にわたり取り組む中長期の目標やコストダウン、顧客満足の向上などエンドレスな目標の場合などに適用される

◆中止・静観…いったん設定した目標の取り組みを中止することがある。年度の区切りだけでなく期の途中でも行なわれ、「経営トップの判断で開発テーマが変わった」などは、環境が変化し、目標の優先度が変わった場合

に多く見受けられる。またいったん中止した目標をしばらく静観し、必要性が生じた場合に再度取り組むこともある

なお、新たに設定する組織目標の「今年度反映の方向」は空欄とする。

4. 達成基準（どれくらい）の明確化

数値基準、状態基準、スケジュール基準を具体化する。

図表3-8　前年度組織目標総括法
【営業所】

	目標項目	売上げアップ	○○業務の標準化	直行直帰制度導入研究	
前年度の組織目標	達成基準	1億円	○○マニュアルのたたき台作成	制度導入の可能性を探り報告書にまとめる	
	達成度	1億1000万円	第一次○○マニュアル原案作成	制度導入の条件を整理し、報告書としてまとめた	
今年度反映の方向	継続	さらに高めを設定	来期は業務標準を実践		
	中止・静観			経営トップの判断で当面制度は導入しない（中止）	
	終了	↓	↓		
今年度の組織目標	目標項目	売上げアップ	○○業務標準の導入		メンバーの知見共有化
	達成基準	1億2000万円	○○マニュアルの課長承認後に課内メンバーに教育し、新たな業務標準で進める		新たに勉強会を年6回以上企画・開催する

参考：自社の組織目標シートに今年度反映の意味合いを記述する例

> ○○年度目標［営業所］
> 【今年度反映】
> 　以下の背景（前年度目標を反映させる意図も含む）のもと、営業所の目標を設定する。
> 1. 売上げアップ
> 　1億2000万円とする。
> 　前年度目標を継続し、市場の伸びをふまえ、1000万円アップさせる。
> 2. メンバーの知見共有化
> 　新たに勉強会を年6回以上企画・開催する。
> 　営業ノウハウの知見を若手担当者に共有させ、営業スキル等を高めるようにする。

III ◆組織方針・目標と個人目標のベクトルを合わせる

③**運用のポイント**

　新たなシートを用いての説明に負担や面倒を感じる場合は、使用中のシートに「今年度反映」の項目を設けるとよい。それだけでも、部下への説明が明確にできる（**図表3-8**参照）。

2. 管理職の目標を設定する

(1) 組織目標を定量化できないこともある
①**売上げや利益を生み出す活動に寄与することを成果として掲げる**

　営業部門、製造部門、研究開発部門、マーケティング部門は定量化された成果が設定されるが、総務部門、経理部門はプロフィットセンターではないので売上げや利益を生み出すことはなく、定量的な成果は設定されない。そのため、年度の組織目標を「年度部門方針」の名称で設定している企業もある。定量化できない場合は、部門の役割に応じて、生産性の向上（主に効率化）に寄与したり、売上げや利益を生み出す活動に寄与することを成果として掲げる。

　「成果があいまいになる」点は、あいまいなことを与件として受け入れて記述し、年度目標として方向性を示すことが大切である。

②**表示の仕方を工夫することで達成基準は明確にできる**

　自社の目標シートを用いて組織目標を表示する（組織目標表示法）。

■**進め方**■

1. 自社の目標シートに、目標項目と達成基準を記述する

　組織目標、個人目標を問わず、「目標項目（目標の方向性）」と「達成基準（年度でめざす成果）」に分けて目標を設定する。

2. 目標の達成基準をそれぞれ箇条書きで示す

　組織目標は、組織全体の年度の重点を包括的に表わしたものである。あいまいさを前提に、箇条書きにする。定量化された達成基準、定性的な達成基準が入り交じっていてもよい（**図表3-9**）。

③**運用のポイント**

　そもそも組織目標とは包括的なものなので、あいまいさはぬぐえない。管理職の業績評価に支障はないので、不都合がなければ、あえて修正する必要

はない。

■調節弁となる言葉を書き加える

　課・所単位の組織目標は、包括的な目標である。年度の重点を示すことはできても、未知の取り組み目標も含まれるため、すべての組織目標の成果を見通すことはできない。このため、成果のあいまいさをすべて排除することはできず、明確さとあいまいさの境界線上にある目標といえる。そこで**図表3-9**に示すとおり、達成基準（「ここまでは必ず達成する」）を記述する際は、調節弁として「等」「少なくとも」などを追記することをお勧めする。

(2) マネジメント目標も管理職の目標として設定する

①組織目標とマネジメント目標

　企業の人事担当者に「管理職の目標の条件」をたずねると、見解が２つに分かれる。一つは、管理職の組織業績達成責任を重視し組織目標を掲げるもの（組織目標設定方式）、もう一つは、設定する目標を個人目標と位置づけ、管理職も部下指導育成など個人で取り組む目標を設定するもの（マネジメント目標設定方式）である。

　これを営業所長の目標に当てはめてみると、組織目標は、営業所全体の売上げ、利益目標となる。いわゆる組織メンバー全員で成し遂げる業績目標であり、組織の長である所長がその責任を担うものである。これに対しマネジメント目標は、部下の指導や職場活性化など、組織の業績達成には欠かせない目標である。

図表3-9　組織目標をわかりやすく記述する例

```
　　　○○年度目標［総務課］
　　今年度は、課として以下の目標を掲げ重点をおいて取り組んでいく。
1.　総務課内の業務の効率化（少なくとも下記の達成基準をめざす）
　　①課内の管理資料を10％以上廃止する、または様式を簡略化する
　　②多能化に着手し、メンバー全員が少なくとも○以上業務を代行できるようにする
　　③………
2.　………
　　①………
```

この2つのどちらを設定すればよいのか。

② 2つの目標設定方式のメリットとデメリット

　組織目標とマネジメント目標の違いはどこにあるのか。それぞれの目標設定方式のメリットとデメリットを比較することにより、自社の現在の方式を見直し、望ましい管理職目標を設定できるようにする（**図表3-10**）。

　組織目標だけを設定する場合は、業績意識を高め、管理職にも業績を優先した活動を促進できる点がメリットとしてあげられる。反面、業績に直結しにくい活動はなおざりにされがちである。所長が営業担当者との同行をやめて、自ら新規開拓に出向いたりするのが例としてあげられる。

　一方、マネジメント目標を設定する場合のメリットは、業績の達成いかんにかかわらず、管理職にマネジメント活動をきちんと進めることを奨励で

図表3-10　管理職の目標のあり方と目標設定のタイプ
【目標のあり方】

設定方式	組織目標だけを設定	組織目標に個人目標 （マネジメント目標）を加える
メリット	・業績意識を高めることができる ・業績を優先した活動を促進できる	・業績の達成いかんにかかわらず、マネジメント活動をきちんと進めることを奨励できる ・業績志向とマネジメント志向をバランスさせることができる
デメリット	・「部下を育てる」より「自ら実施し結果を出す」ことが優先され、業績に直結しにくい活動はなおざりにされる	・マネジメント（部下指導育成など）に取り組む分、業績意識を低下させる場合もある

【目標設定のタイプ】

	G社	H社	I社
管理職目標設定方針	組織目標を方針管理制度で設定・評価し、個人目標を目標管理制度で設定・評価する	目標管理制度では、組織目標と部下指導育成目標（個人目標）をともに設定・評価する	目標管理制度では組織目標のみを設定・評価するが、組織目標に代わり部下の指導育成を目標とすることを運用上容認する
組織目標	方針管理制度では組織目標を5つ以上設定・評価する	組織目標の評価ウエートを高め、設定・評価する	組織目標のみを設定・評価する
個人目標	目標管理制度では「管理職が主体的にマネジメントする」ことを条件に設定・評価する	「部下指導育成目標」設定を義務づけ、これのみ個人目標として設定・評価する	目標管理制度では、管理職の目標は、組織目標となっており、個人目標はない

き、業績志向とマネジメント志向をバランスさせられる点があげられる。反面、マネジメントに取り組む結果、業績意識を低下させることもある。

なお、マネジメント目標だけを設定・評価している企業は、おそらく皆無ではないだろうか。

③管理職の目標の位置づけ

管理職の目標（組織目標、個人目標）は、評価制度・管理システムのなかでどのように位置づけられているのか、3社の実例を比べてみたい。

G社は、組織目標を方針管理制度で設定・評価し、個人目標を目標管理制度で設定・評価している。別々の評価システムで進める特異なケースである。H社は、組織目標と個人目標（部下指導育成目標）をともに設定・評価している。もっとも普及しているケースといえる。I社は、目標管理制度において組織目標のみを設定・評価する。ただし組織目標に代わり部下指導育成目標の設定を運用上容認している（**図表3-10**）。

■進め方■

ここでは、マネジメント目標をどのように設定するかを紹介する。

1. マネジメント目標の視点の選定

初めに、マネジメント目標にはどのようなタイプがあり、そのどれが設定可能なのかを探ってみる。

図表3-11に掲げた「部下指導」「職場活性化」「職場の仕組みづくり」「部門間連携」「上司補佐」「マネジメント活動強化」のうち、特に注意したいのが、部門間連携とマネジメント活動強化である。

部門間連携は、目標達成に向けて部門間の横断的な取り組みを促すものであり、社内だけでなく社外の関係先も巻き込んだダイナミックな目標の展開が可能となる。したがって目標の難易度や妥当性を高めることにもなり、部長以上の経営幹部クラスの目標としてもふさわしい。

マネジメント活動強化は、目標設定、進捗管理の月例会議を見直し（強化・効率化）、マネジメントのマンネリ化防止をはかることもできることから、マネジメント自体を点検する意味でも重要である。

図表3-11　マネジメント目標設定シート

マネジメント目標の視点		関連する組織目標・主要業務	目標項目（何を）	達成基準（どのくらい）
タイプ	意味するところ			
部下指導	部下の業務遂行力を、資格にふさわしい能力へと向上させる	マーケット調査	Aさんのマーケティング調査力向上	一人で○○の市場を調査し、当社の参入条件を明確にできる程度
職場活性化	職場の沈滞ムード、望ましくない行動・思考パターンを改める	業務改善	職場活性化	全員が担当業務の問題を提起できるようになる
職場の仕組みづくり	職場を望ましい方向に導くために「ルール・基準」を設計する	コミュニケーションのルール・基準づくり	職場コミュニケーションの強化	新たに年2回、社内メンバー全員で目標検討会を開催する
部門間連携	業務遂行、課題遂行に向け、部門間の連携を促す	納期管理	納期短縮	営業部門と設計部門で連携し、納期を平均○ヵ月短縮する
上司補佐	業務遂行、課題遂行に向け、上司を支援する	各種会議参加	会議参加の代行・補佐	課長に代わって新たに○○会議と××会議に参加する
マネジメント活動強化	業務遂行、課題遂行に向け、関係先を導いていく	目標進捗管理	目標進捗管理の強化	月例会議の時間を○分延長し、全員の計画見直しができるようにする

2. 関連する組織目標、主要業務の選定

　それぞれの特徴を理解したら、タイプごとに関連の深い組織目標または主要業務を記入する。

　関連性の判定は、管理職自らが「この組織目標を達成するためのマネジメント活動の重点は何か」「わが部門の組織目標を達成し、主要業務を円滑に機能させるために自らマネジメントすべき重点は何か」を自問自答したい。

3. 目標項目、達成基準の設定

　目標項目はレベルを引き上げる方向で選択する。達成基準(どのくらいか)は「数値基準」「状態基準」「スケジュール基準」で具体化する。

④運用のポイント

　マネジメント目標は、目標達成に向けて、管理職の主体的なマネジメントを引き出すのが最大のねらいである。自社の目標条件に明示されていないなら、自社の目標シートとは別の明細書に記しておけば、目標に主体的に取り

組むことを明確にできる。
　企業のなかには、「単年度事業計画」の明細表に記されている組織目標の下位項目として、マネジメント目標もしくは課題を明記しているところもある。大切なのは、形式としてマネジメント目標を設けるのではなく、管理者が主体的にマネジメントを進めることである。

3. 部下に役割・職務を割り振る

(1) 部下に真の役割を自覚させる
①部下にふさわしい目標を設定するには

「望ましい目標」とされる条件（要素）の一つに「ふさわしい目標の設定」がある。「ふさわしさ」を一般的に解釈するなら、資格等級に定められた期待・要求に応えられる目標を設定すること、となる。

ところが多くの管理職は、「現実は、教科書どおりにはいかない。入社2年目でも、人手不足なら権限を与え、業者と交渉してもらわないと仕事が回らない。この職場では、係長と同等の立場とせざるをえない」と考えている。このギャップをどう埋めたらいいのか。

②「個人の役割形成の拠り所」でふさわしさを示す

部下自身の役割を形成する幅広い視点（「組織の基準」「世間相場」「現実の期待」）を提示することで、ふさわしさは示せる（**図表3-12**）。

■進め方■

1. 組織の基準でふさわしさを明らかにする

組織の基準とは、資格等級ごとに組織が期待要求する能力・行動である。たとえば主任であれば、「上司の指示以外にも必要事項に取り組み、後輩等を指導育成できる」などである。

2. 世間相場でふさわしさを明らかにする

世間相場とは、「その立場なら、ふさわしさはこれくらい」と認知されるレベル・内容であり、常識といってもよい。管理職の広い見識やネット情報などから、「主任なら後輩の指導育成も担当している」と示すことができるだろう。

3. 現実の期待でふさわしさを明らかにする

その職場の人員構成、現在の分担構成から、管理職が部下に期待する役

図表3-12　個人の役割形成の3つの拠り所の視点

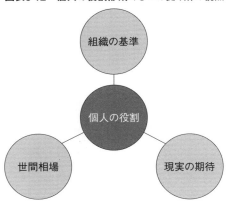

割・職務である。職場の適切な運営を考慮すれば、組織の基準や世間相場の役割・職務内容から乖離することもある。「あなたを含め3人しかいない。定型事務の処理から業者との交渉まで幅広く担ってほしい」となる。

4. 3つの拠り所をもとに現実と理想に折り合いをつける

　この3つの拠り所をもとに、管理職は部下に、現実と理想に折り合いをつけさせる。その際、部下が現実の期待の役割・職務を担うよう指導することを優先するのはいうまでもない。

③運用のポイント

■職務の割り振り、目標レベルすりあわせに役割形成の拠り所を活用する

　職場における業務生産性を優先すると、資格・等級にすべてふさわしい役割・職務を割り振ることはできない。そこで、資格より高い役割なら目標レベルを下げ、低い役割なら目標レベルを高くすれば、役割・職務にふさわしい目標を設定することは可能である（後述の「難易度に応じて目標レベルを加減する」参照）。部下との対話の材料として活用いただきたい。

(2) メンバー全員の職務を鳥瞰する

①部下の役割や職務を把握する

　新任管理職の多くが無我夢中で1年間を過ごす。その実務体験をもとに、

2年目以降は、一歩踏み込んだ役割を発揮している。以下は、それを象徴するような、管理職2年目に入ろうとする課長の今後の抱負である。

「昨年課長を拝命したが、前任者から引き継いだことを回すので精一杯でした。新年度を迎えるにあたり、部下の役割・職務の分担を頭に入れ指導していきたいと思います。恥ずかしながら、1年目は部下の主要担当業務がわからず、まともな評価ができたのか疑問です。部下がどのような役割や職務を担っているのか、もっと把握しておかないといけないと感じました」

では、役割分担の重要性に気づいた課長は、どのように分担状況を把握し、実務に役立てることが望ましいのだろうか。

②**役割分担表を人事評価、育成に役立てる**

年度初めや節目に役割分担表を作成すれば、部下の役割・職務の分担状況を把握でき、目標の割り振り、人事評価、育成に役立てることができる。役割分担表により、管理職自身と補佐役の分担も明確になり、管理職不在時の対応も円滑に進むはずだ。

■**進め方**■

1. 業務分掌規定を確かめる

役割分担表を作成するにあたっては、まず拠り所になる業務分掌規定を確かめ、業務分類項目のキーワードを拾い出す。業務分掌規定がなければ、市販の業務分掌規定を活用するか、厚生労働省が設けたビジネスキャリア制度の分野別（総務人事、営業・マーケティングなど）「試験分野、等級・試験区分」（http://www.javada.or.jp/jigyou/gino/business/bunya.html 中央職業能力開発協会のホームページ）を参考にする。

2. 実態に即した業務分類（役割分担表タテの項目）を決める

キーワードをもとに、職場ぐるみで実態に即した業務分類を決める。上司やメンバーと共同で作成すれば、これだけで業務共有化が進められる。この業務分類項目で役割分担表の縦軸の項目が決まる（**図表3-13**）。

3. 役割分担表にメンバー名を記入し分担を明確にする

役割分担表の横軸の欄にメンバーの氏名を記入し、仕上げに上司とメン

図表3-13 役割分担表（例）
【人事厚生課】

主要業務 \ メンバー	山田課長	小川リーダー	佐藤	飯田	谷	鈴木
①社員の採用案の立案・実施	◎	△	○	△	△	△
②社員の配置案の立案・実施	◎	○	○	△		
③異動案の立案・実施	◎	○	○	△		
④社員教育案の立案・実施(研修・セミナー)		◎	○	○	○	△
⑤社員教育案の立案・実施(通信教育)		◎	△	△	△	○
⑥各種人事制度の立案・見直し・実施・普及	◎	○	○	△	△	△
⑦人事考課の調整管理	◎	○	○	△	△	△
⑧健康保険法・厚生年金保険法等関連事務		◎	○	△	△	○
⑨予算管理業務	◎	○	△	△	△	△
⑩その他庶務業務（職場会議準備等）		◎	△	△	△	○

◎：総括担当　○：主担当　△：補助

図表3-14 役割分担表活用の目的・タイミング

目的と方法	タイミング
①人事評価の際に評価対象となる部下の主要業務等を確かめる	・人事評価シートで評価判定根拠の事実をおさえるとき
②多能化マップに加工して業務習熟度を把握し、属人化業務（特定の者しかできない業務）等を優先してローテーション（配置）を検討する	・部下の異動が職場内で周知されたあと ・新たな異動者を職場に迎え入れることが職場で認識されたあと
③人事評価シートとあわせて活用し、部下の強みを伸ばし、弱みを補強できるよう指導育成に役立てる	・人事評価のフィードバック面接時
④「職能等級基準」で部下に期待される能力等を説明したうえで、今後担当する役割・業務を伝え動機づける	・部下の昇進・昇格時

バーですりあわせて分担状況を表示する。

4. 新役割分担表をメンバーに配布し周知する

　新たに作成した役割分担表をメンバーに配布し、課長自ら説明する。互いがどんな仕事を分担しているかわかれば、チームワークや連携も取りやすくなる。

5. 目的を意識し、タイムリーに日々活用する

　役割分担表は**図表3-14**に例示するような目的で、タイミングを意識して活用したい。

③運用のポイント
■役割分担状況は節目ごとに確認し、分担を見直す
　異動時、年度末など、年度の節目に役割分担状況を再確認し、役割分担を最新のものに更新する。

(3) メンバー各人の習熟度を把握する
①労働時間の抑制とメンバーの仕事の幅の拡大が求められる
　現在の人員で職場を円滑に運営するには、部下には慣れている仕事を担当させることが役割分担の定石である。一方で、介護休業、育児休業などでの欠員に備えて代行できる者を育てたい、部下個々人の仕事の幅や視野を広げさせたいと願う管理職も少なくない。だからといって、ジョブローテーションで新たな仕事をさせれば、一時的であっても生産性が落ち、その分、プレイングマネジャーが残業を引き受け、カバーしなければならない。
　このような理由から、ジョブローテーションは異動や退職などで人員に変動が生じないかぎり進めにくい。この傾向は、2017年から本格的に始まった労働時間の抑制の動きで、ますます強まる可能性がある。では、どのように向き合えばよいのか。
②部下の多能化をはかり仕事の属人化を防ぐ
　業務の属人化を防止し、急な欠員時も仕事が回せるようにするには、一人が１つの仕事を担うのではなく、メンバー各人が複数の仕事ができることが求められる。そのためには、管理職はメンバーの習熟度を把握し、早い段階で代行者を育てるようにする。それを実現するのが「多能化マップ」である（**図表3-15**）。その期待効果は
◆急に休んでも同僚に迷惑をかけないですむ
◆引き継ぎをしっかりやれば、安心して有休が取れる
◆一定期間準備すれば、育児休業を取得するメンバーがいても仕事を滞らせずに進められる
◆メンバーそれぞれの仕事の幅を広げることで（職務拡大）、各人の仕事ぶ

図表3-15　多能化マップと多能化目標シート
ステップ1.習熟度評価記号と定義を決める
◎＝人に指導できる　○＝一人でできる　△＝もう一息、上司の指導が必要
×＝不十分で△に届かず　―＝担当したことがない

【経理課】

主要業務		メンバー Aさん	Bさん	Cさん	Dさん
大	中				
定例伝票処理	現金処理	○	△	○	◎
	預金処理	○	△	○	○
	納品書処理	◎	○	○	△
	その他振替処理（一般仕訳）	○	○	○	△
支払処理	取引先口座開設変更	○	○	×	―
	支払通知書発送	△	○	○	―
	支払調整	×	◎	○	―
月次処理等	会計補助簿記帳	△	○	○	○
	月次報告資料作成	○	○	◎	○
	月次試算表作成	○	―→△	―→△	―→△
その他	旅費精算	×→○	○	△	―
	伝票・資料ファイル	○	○	○	△

（属人化業務のため優先する）
（全般的に習熟度が低い業務のため優先する）

ステップ2.多能化目標シートを作成する　　　所属：経理課　○年○月○日

対象業務	対象者	現在のレベル	目標項目（何を）	達成基準（どのくらい）
月次試算表作成	Bさん Cさん Dさん	月次試算表作成業務を経験したことがない（―）	月次試算表作成業務への職務拡大	Aさん指導のもと、月次試算表を作成できるようになる（△）
旅費精算	Aさん	上司の指導にもかかわらず旅費精算を進められない（×）	旅費精算業務の遂行レベル向上	旅費精算業務を一人でできるようになる（○）

りに奥行きが生まれる（職務充実）
◆互いに指導することで、メンバーに指導力がつく
◆繁忙期に同僚同士で助け合える
など広範囲にわたる。

■進め方■

1. 習熟度評価記号と定義を決める

図表3-15に例示するように、習熟度の評価記号と定義を決める。定義は、ほかに「基本操作ができる」「トラブル時に一人で復旧できる」「改善・工夫を取り入れられる」などがある。

2. 習得すべき業務を洗い出す

「習得すべき職務または能力」を縦軸に、「メンバー」を横軸にとり、一覧表（「多能化マップ」または「業務習熟度分析表」）を作成する。図表3-15は経理部門のものである。

3. 多能化マップで各メンバーの習熟度を評価・確認する

一覧表ができれば習熟度評価の準備が整う。

課長は、多能化マップを活用し、メンバーとマンツーマン、ときには主任クラスを交えた三者面談で、業務の習熟度を評価・確認する。仮に業務分担の偏り等があれば、是正に向けて業務分担の方向性を決める。

4. 分担の方向性にもとづき職務分担、多能化目標を決める

メンバーの習熟度合いに応じてほかの業務に幅を広げ（職務拡大）、その業務の習熟度を高める（職務充実）などの目標を設定し、レベルアップをめざす。

事例では現状、「月次試算表作成」はAさんしかできないため、Bさん、Cさん、Dさんの3人は「月次試算表作成への職務拡大」という目標を掲げ、「Aさん指導のもと、月次試算表を作成できる」レベルをめざす。属人化業務がない場合は、メンバー間で相対的に習熟度が低い業務を優先する。

5. 未経験の仕事を習得する機会をつくり、やらせてみる

多能化は、すべての企業で計画的に進められているわけではない。工場な

どでは比較的定期的に多能化を進めているが、事務職では、なかなか手が回らないようだ。繁忙期を避け、部下同士、ペアもしくはトリオで、「いままでやっていない仕事」をやらせてみる。その際、熟練者が1時間でも指導する機会を設けることが大切である。

③運用のポイント

■多能化の目的やメリット・デメリットも伝える

　多能化は良いことづくめではない。多能化を進めたからといって、だれもがすぐに互いに仕事が代行できるわけではなく、代償として相当な手間も発生する。長年携わった仕事をだれにも教えたくないために、多能化に抵抗する社員もいる。一定期間お互いが教え合い、いざ代行してミスが発生すれば、本来の担当者は仕事の手を止め、アドバイスすることも求められる。

　協力し合うことの必要性だけでなく、多能化の目的やメリット・デメリットを伝えるとともに、多能化マップには部長・課長クラスの仕事も書き込み、部門単位で進めることが望ましい。

4. 部下の目標設定を指導する

(1) 数値目標、定性目標を具体化する
①目標がゴールを左右する
　「目標シートにきちんと記述するには、どうすればよいか」と部下にたずねられ回答に困惑する管理職もいる。その理由は、「数値で示すことのできない定性目標の表わし方」を明確に説明できないからである。目標が、めざすゴールを左右するだけに、いいかげんにはできない。
②あいまいさを排除した目標を設定する
　あいまいな目標が評価をあいまいにするだけに、「目標を明確にする」ことは目標設定の大前提である。ここで紹介する「ベーシック法」は、目標の設定原則をおさえることができるので、定性目標を含めて、あいまいさを排除できる。またゴールが明確になることにより、部下自身が進捗管理を進めやすくなるというメリットもあり、目標管理の理念である「自己統制」を容易にしてくれる。

■進め方■

1. 目標を2つに分ける
　目標シートの記入方法の一つに、「フリースタイル方式」（自由記入方式）がある。限られたスペースに、具体的に目標を記述することをねらいとするが、自由に目標を記述するため、どこがゴールなのかの識別がむずかしく、上司の評価と食い違いが生じる。この不具合を防ぐため、目標は「何を」（目標項目）と「どのくらい」（達成基準）に分けて記述することが不可欠とされる（**図表3-16**）。

2. 3タイプの達成基準で目標を具体化する
　目標を「何を」「どのくらい」に分けて記述しても明確になる保証はない。とりわけ定性的な目標の場合、「私の部門はスタッフ部門のために目標が定

図表3-16　目標項目と3つの達成基準

目　標		達成基準の3つのタイプ
目標項目（何を）	達成基準（どのくらい）	
新規受注	3億円	数値基準
○○の標準化	○年○月までに○○マニュアルを作成する	スケジュール基準
Aさんのプレゼン能力の向上	一人で、かつ一度の説明でユーザーに理解してもらえるようになる	状態基準

【目標項目のサンプル】

方向性のタイプ	方向性のキーワード	目標項目のキーワードサンプル
望ましいものをより望ましくする	～の徹底	業務の効率化、コストダウン、顧客志向、ルール等
	～の向上	生産性、歩留まり、能力・スキル、採算性、意識（問題・コスト・安全・顧客等）、サービス、回収率等
	～の強化	部門関係、管理（顧客・収支・品質・納期・原価・安全等）、既存客との関係、体制、能力等
	～の充実	システム、制度、マニュアル、ツール等
	～の促進	標準化等
	～の増強	資本等
望ましくないものを望ましくする	～の削減	ミス、クレーム、トラブル、在庫、残業時間、デッドストック、延滞債権、コスト、不良品等
	～の短縮	納期、リードタイム、問い合わせレスポンス時間、配送時間、開発期間等
	～の防止	ミス、クレーム、不正、過剰労働、各種問題等
	～の平準化	ばらつき等
	～の見直し	各種制度等
	～の標準化	業務、作業、規格、教育等
	～の改善	人間関係、業務、作業等
	～の効率化	業務、作業、書式、資料等
	～の集中・分散化	業務、事務等
望ましいものを望ましいままにする	～の継続	ゼロ災害、無事故、ノーミス、ノートラブル等
	～の定着化	制度、意識（問題・コスト・安全・顧客）等
新たに望ましくする	～の新設	制度、組織等
	～の研究・探索	新制度、新市場、新技術等
	～の開拓・開発	新規顧客、新事業、新市場、新製品・サービス、新技術、新制度等
	～の創出	利益、成果、顧客等

量化できない。定性的な目標ではいけないのか」「当社では能力向上の目標を設定するが、それは数字で表わすことができない。どのように具体化すればよいか」と、管理職も担当者も悩んでいるのが実情である。

目標の達成基準には「数値」「スケジュール」「状態」の3つのタイプがあるが、数値以外の目標は、「状態」もしくは「スケジュール」の達成基準で具体化するとよい。

◆数値基準…数字で表わされる目標である。パーセンテージで表示されていると、母数との掛け算で端数が出ることがあり、そのために上司と部下の目標達成数字にギャップが生じる場合がある。「パーセンテージ目標は、可能であれば実数を併記する」ようにしたい

◆スケジュール基準…期限までにやるべきことを示す目標である。たとえば、「○年○月末までに業務マニュアルを作成する」という表現になる

◆状態基準…期限までにめざす状態を示す目標である。能力向上目標などを「○○ができるようになる」と示せば、管理職は立ち会いで評価判定できる

3. 期限設定と達成計画を具体化する

達成基準の明確化は、期限に合わせ行なう。したがって、年度末が期限なら年度末、半期なら半期とする。達成計画の具体化も大切だ。外資系企業のなかには「目標管理は自己統制が原則。計画は本人に任せればよい」として計画の具体化を求めないところもあるが、大半の企業は具体化を義務づけている。達成計画があいまいであるほど、いざ実行に移そうとした場合に進まないことが多い。「やってみないとわからない、何をやってよいかわからない」というチャレンジングな目標を除き、やれそうなことをまずはたたき台の計画として示すことが賢明である。

③運用のポイント

■メンバー全員に目標設定の大原則を周知する

目標項目と達成基準を数値、スケジュール、状態のいずれかで設定することは、目標設定の大原則である。この大原則を管理職・担当者を問わず、自らの目標を設定するうえで必ずおさえるよう、周知したい。

■自社・自部門ごとに望ましい記入サンプルシートを用意する

　原則をさらに進めれば、部門や職種に応じた目標設定になる。「自社版職種別目標のヒント」を用意することが望ましい。人事部門に要請して「望ましい例、望ましくない例」を編集するなど、目標記述イメージを共有化していきたい。

(2) 難易度に応じて目標レベルを加減する
①評価の４つの視点と難易度判定のむずかしさ

　どこの企業も、業績評価を進める仕組みとして目標管理を導入しているが、評価の視点である「目標の難易度」「達成に向けての努力度」「貢献度」「達成度」のうち、貢献度を対象外にしている企業が目立つ。成果にどれだけ貢献したかを評価判定するノウハウや手法を確立できず、評価も実務上、困難だからである。

　努力度評価は、能力や態度と同様、目標達成の取り組み事実をもとに、裏づけの成果物を用意して評価することで納得性を高めることができる。達成度評価も、成果物や定性目標の取り組み事実をおさえれば、評価もさほど困難ではない。

　しかし難易度評価は一見、容易に映るが、困難度の高い取り組みである。なぜなら、「等級・資格にふさわしいレベルにある」というあいまいな評価根拠で評価判定しなければならないからだ。そのため、難易度を評価しない選択もあるが、一方で、評価の困難さを承知で、難易度評価を取り入れる企業もある。

②難易度を評価する２つの理由

　むずかしい目標に取り組みそれを達成した社員と、容易な目標を掲げてそれを達成した社員を、達成度だけで評価するのは公平性を欠く。つまり人事評価の公正化をはかるためには、難易度を評価すべきである。

　難易度を評価すべき理由はもう一つある。人材育成からの必要性である。社員はむずかしい目標に取り組むことで鍛えられ、容易な目標では成長を促

すことができない。

　たとえば「マニュアルづくり」の目標を「上司の了解をとりつけ、しかも職場のメンバーに納得してもらうレベル」で設定したとする。社員は、上長の期待に応えマニュアルを見直し、職場のメンバーからはQ&A集作成の要望を受けて初めて、それを使用する立場でマニュアルをつくることができる。だが、目標のレベルを「マニュアルのたたき台を作成する」に引き下げるなら、独断的な案にとどまってしまう。どちらのレベルが成長を促すかは、説明の必要もないだろう。

　では管理職は、メンバーに難易度とどう向き合わせればよいのだろう。

③難易度レベルを加減する

　難易度判定は困難でも、難易度レベルを加減することはできる。上長は、レベルが低いかもしれないと悩んだら、レベルを加減して引き上げればよい。難易度レベルを加減する（難易度を刻む）方法として、「ゾーン方式」「次のステップ方式」「箇条書き方式」の3つを提唱したい（**図表3-17**）。

■進め方■

1.「ゾーン方式」で難易度を刻む

　難易度の判定はむずかしいが、難易度をあげる（高度化する）のは簡単にできる。そこで、上長が「この目標レベルはふさわしくないのではないか」

図表3-17　難易度を刻む3つの方式と設定例

方　式	難易度の刻み方と活用の視点	目　標	
		目標項目	難易度サンプル
ゾーン方式	数値目標の幅を「以上」「超」「以下」「未満」で刻み、囲んだゾーンを設定する。売上げ目標値を評価点にリンクさせる企業もある	売上げアップ	①2000万超 ②1000万超〜2000万以下 ③1000万以下
次のステップ方式	定性目標の行動レベル、能力レベル等を段階的に引き上げ設定する。能力向上目標、業務改善目標等活用の幅は広い	業務標準化	年度内に手引き作成 →上司が了解 →職場メンバーが納得
箇条書き方式	目標に付ける条件の数でレベルを加減する。数値レベル、定性の目標レベルともに条件とすることができる	工事の円滑な遂行	①ミス・事故ゼロ ②期限内に工事終了 ③予算以内のコスト →以上を数で加減

と迷ったら、少しレベルを引き上げればよい。数字で表わされる目標であれば「1、2、3」と値を変え、売上げ目標などは「1000万円以上2000万円未満」というようにゾーンを設定する。筆者はこれを「ゾーン方式」と呼んでいる。数値以外の目標の場合は次の2つの方式を試してほしい。

2.「次のステップ方式」で難易度を刻む

　前述の「マニュアルづくり」を例にしよう。

　もっとも容易な目標レベルは、「マニュアルのたたき台を作成する」である。このレベルから段階的にレベルを引き上げると、次は「上司に承認をもらう」、さらに「職場のメンバーに説明し活用の仕方を教育する」となり、その頂点は、「メンバー全員がマニュアルにもとづき一人で業務が進められるようになる」である。最終レベルを達成するには、メンバーに対する丁寧な指導が求められ、「たたき台の作成」とは歴然の差がある。

3.「箇条書き方式」で難易度を刻む

　いくつかの目標の条件を提示し、難易度をさじ加減する。たとえば3つの条件をすべて満たしたら「優」、3分の2程度なら「並」、3分の1以下なら「不可」のように刻むのである。

④**運用のポイント**

■「努力すれば達成できる」レベルをめざす

　努力すれば達成できるレベルで設定すれば、成長につなげられる。よくぞここまでできるようになったと賛辞を贈ることができる。一方、努力せずとも達成できるレベルなら、1年たっても成長しない。またあまりに高すぎる目標では、途中で挫折することもある。

　難易度は、部下を育てもするが、つぶすこともあるので、管理職は高い目標レベルを受け入れた部下を支援する必要がある。

(3) 資格にふさわしい仕事に改める

① **「資格と仕事のミスマッチ」解決の決め手**

　資格や職位の高さにふさわしいとはいえない、難易度の低い仕事をしてい

る社員がいる。仕事の割り振りが、生産性の維持・向上など組織の都合を優先し、一人ひとりの資格などを考慮していないからである。本来の割り振りである「Bさんは、主任だからこの仕事」ではなく、「やむをえないが、Bさんには異動したAさんに代わりこの仕事をやってもらおう」などが多い。

また働き方改革で残業規制を優先した結果、できる社員に難易度の高い仕事を割り振り生産性を上げることが考えられる。軽易な仕事を担当する社員は、負担も増えず残業もせずにすむかもしれないが、資格にふさわしくない仕事を続けても当人の力量は高まらない。上司は、部下の成長を妨げるこの問題にどのように立ち向かったらいいのだろうか（**図表3-18**）。

②力量を高めるチャンスをつくり出す

部下のなかには、自分の力量を高めたいと願う者も多い。そのためにも、資格にふさわしい仕事を割り振ることが望ましい。

ここでは、①改善、②上司の代行、③研究、④多能化、⑤ノウハウの普及、⑥その道のプロ、⑦プロジェクト参画、の7つの視点から、力量を高めるチャンスをつくり出す方法（「ランクアップ法」）を紹介する。担当している仕事の取り組み方で難易度を引き上げ、未経験の業務を担って仕事の幅を

図表3-18　ランクアップ法と目標例

7つの視点	対象となる仕事	目標項目（何を）	達成基準（どのくらい）
改　善	試算表作成	試算表作成OA化	Excelで試算表を作成できるようにする
上司の代行	業者との交渉業務	業者との交渉力向上	業者に対し一人で交渉し、当社の条件を半分以上受け入れてもらえるようになる
研　究	時短勤務制の導入可能性調査	裁量労働制の導入可能性の研究	自社に時短勤務制を取り入れられるか調査し、導入の条件をとりまとめる
多能化	○○マシーンの操作	マシーン操作の多能化	新たに○○マシーンを一人で操作できるようになる
ノウハウの普及	○○に関する新製品販売ノウハウの伝授	○○に関する新製品販売ノウハウの普及	若手メンバーに○○に関する新製品販売ノウハウの勉強会を3回実施する
その道のプロ	税務処理	税務に関する知見向上	税理士の資格を取得し、税務処理のイレギュラーな事案の対処案を提示できる
プロジェクト参画	ワークライフバランスの素案づくり	ワークライフバランスの仕組みづくり	プロジェクトとして工場にワークライフバランスを導入・展開する素案をまとめあげる

広げ、ふさわしい仕事を増やすもので、それら仕事への意図的な取り組みを目標として設定するのである。

■**進め方**■

1. 改善の視点でランクアップをはかる

現在の仕事のやり方を見直し、現状に満足することなく改善していく。あらゆる業務が対象だが、IT化、OA化、自動化された業務は改善の余地が少ないため、はずしたほうが賢明である。

2. 上司代行の視点でランクアップをはかる

当人より上位職の仕事を任せるものである。あるメーカーでは、資材部門長の資材購入権限が絶大で、決定権も集中している。「このままでは部下が育たない。係長としてふさわしい職務も目標も担えない」と考えた部門長は、「特定品の購入決定権の委譲」を伝え、係長に「特定品購入決定に関する交渉力向上」という目標を設定させた。

この段階を進められるかは、「上司が自らの職務・権限を手放せるか」にかかっている。

3. 研究の視点でランクアップをはかる

あるテーマについて、自社に取り入れられるか探索・思索する。研究開発部門だけでなく、スタッフ部門、営業・製造部門でも設定可能である。

4. 多能化の視点でランクアップをはかる

異なる仕事をこなせるようにし、仕事の幅を広げる。製造部門ではポピュラーな目標で、要員を増やせないなかでは、生産性を高めるために効果的な目標でもある。

5. ノウハウ普及の視点でランクアップをはかる

自らが身につけた知識・技能などを上司や同僚、後輩に伝授するもので、目標設定として活用するのもよいだろう。上司、同僚に対し「営業提案ノウハウ共有化」を目標に設定することもできる。

6. その道のプロの視点でランクアップをはかる

特定の仕事について、社内外で秀でた評価をもらえるようにする。税理

士、公認会計士、中小企業診断士などの公的資格取得をめざす目標も設定できる。

7. プロジェクト参画の視点でランクアップをはかる

　目的、期間を限定し、比較的大掛かりなプロジェクトに参加する。プロジェクト参画はさまざまな部門や経営層と協働することから、力をつけるまたとない機会となる。

③**運用のポイント**

■仕事の割り振りを部下の成長に活かす

　過度な仕事の割り振りは過剰労働につながりかねないが、その仕事が部下にふさわしいもので、期待どおりの力を発揮してもらえれば、部下の成長を促す。上司は、その両面に目配りしたい。

（4）目標に取り組むメリットを気づかせる

①「不本意な目標」を納得してもらう

　面談で設定した目標に部下が納得して取り組むことが理想だが、「なぜ、この目標が設定されるのか」と不満を感じている部下もいる。目標の必要性が伝わっていないのかもしれないが、納得できない理由として、少なくとも次の2つが考えられる。

　一つは、「目標レベルが高すぎる」ことである。設定すべき目標の条件に、「努力すれば達成できるもの」があるが、努力しても達成困難と部下が感じれば、上司が求める目標レベルは納得できないだろう。組織の都合で達成の見通しがつかない目標や、あるいは前年度を大幅に上回る売上げ目標の設定が求められることがあるが、このような場合、管理職は、達成に向け部下を支援する必要がある。

　もう一つは、「不本意な目標だから」である。目標にやりがいを見出すことができず、意に沿わない、やりたくない目標であれば、部下は当然、納得がいかない。

　とはいえ、組織目標とベクトルを合わせることは目標設定の条件となって

図表3-19 個人目標・仕事の意味づけアイデア

意味づけ の視点	職種	目標・仕事	取り組むメリット
能力向上	共通	業務の標準化	業務分析力、問題解決力等が身につく
	設計	工場実習	作図に必要な知識を習得できる
	開発	他社品の分析強化	市場の方向性を見極める目を養える
	営業	新規開拓強化	度胸、地道な取り組み姿勢、お客様への提案力・説得力を身につけられる
処遇メリット	共通	後輩指導	上位の指導職に必要な指導力を身につけられる
			後輩指導力を身につける絶好のチャンスである
刺激・チャンス創造	営業	クレーム対応のスピードアップ	お客様の信頼を勝ち取るまたとない機会である
存在価値向上	営業	新規分野での受注	この分野では、いまだ成約がない。受注・獲得できれば、この分野の営業の第一人者になれる
	製造	クレームゼロ化	クレームがなくなれば、営業部門も仕事がしやすくなり、製造職に対する評価も高まる

いる。

②目標の意味を4つの視点で整理し提示する

　部下が取り組む目標の意味を①能力向上、②処遇メリット、③刺激・チャンス創造、④存在価値向上、の4つの視点で整理して提示すると、目標に取り組むメリットを部下に気づかせることができ、目標への納得が得られる（**図表3-19**）。

■**進め方**■

1. 能力向上の視点で気づかせる

　高められる能力をスキル、知識、姿勢など幅広い角度から洗い出してみる。

2. 処遇メリットの視点で気づかせる

　「賞与、昇進、昇格に結びつく」などの人事処遇に反映されるストレートなメリットもあれば、「後輩指導という目標は、将来指導職に就くのに役立つ」など緩やかなものもある。

3. 刺激・チャンス創造の視点で気づかせる

　本人にとって負担となる取り組みを、絶好の機会に置き換える。たとえば「Aプロジェクト推進を目標に取り組めば、全社のさまざまな部門の管理監

督職にPRや調整する機会を得られる。負担にはなるが、このような機会はめったにない。やってみないか」と取り組むメリットを気づかせる。
4. 存在価値向上の視点で気づかせる
　ときには孤立感を抱かせるような取り組みであっても、周囲から注目される場となるメリットを気づかせる。「A分野の市場開拓目標は、だれも達成したことがない。開拓できれば、この分野の先駆者として認められる。ぜひ取り組んでほしい」など、新規市場開拓目標はその代表的なものである。
③運用のポイント
■視点を変えるとメリットがみえてくる
　部下にとっては不本意な目標でも、視点を変えるとメリットがみえてくるものである。管理職は、部下が気づいていないメリットに気づかせ、前向きに取り組めるよう指導したい。

(5) 繰り返し同じ目標を設定する部下への指導
①目標レベルを引き上げる視点を見出せない
　目標管理と人事評価で管理職が苦労していることの一つが、「毎年、同じ目標を繰り返し設定する部下をいかに指導するか」である。同じ目標を繰り返す理由としては、「担当業務が広がらず、いまの業務で設定せざるをえない」「設定する目標レベルを引き上げる視点をいまの業務で見出せない」などがあげられる。前者は、多能化を進めることなどで対応できるが、ローテーションが進められないなかで後者に向き合うには、どうすればよいのか。
②現在の業務遂行レベルを起点に、目標レベルを比較設定する
　担当する業務の現状レベルと、めざすべきレベルを書き並べることで、目標とする業務遂行レベルを比較設定する。現在のレベルと比較するので、納得感をもって取り組める。
■進め方■
1. 部下の担当業務を選定する
　図表3-20に例示するように、目標達成に関連する業務を記入し、業務分掌

図表3-20 「今とこれから」比較法
【経理部門】

担当する仕事	目標		
	目標項目（何を）	現状レベル（昨年度）—今まで—	目標レベル（今年度）—これから—
住民税の処理業務	住民税の処理能力の向上	上司の指導がないと、住民税の処理ができない	①一人で住民税の処理ができる ②会社への住民税の問い合わせにすべて一人で答えられる ③ほかのメンバーが住民税の処理ができるように、年度内にマニュアルをまとめる

規定、役割分担表をもとに主要業務を選定する。主要業務には、「その部門の役割・機能に照らし主要な業務」と「担当者本人にとっての主要な業務」の2種類がある。前者は、部門全体のなかでの重要度評価にあたり、管理職自らが業務改善を判断するうえでの手がかりとなる。後者は、担当者自らの評価のものさしで判断する。能率向上をめざすことから、ウエートの高い業務を選定するのが一般的である。

本人の主要業務で目標を設定するのは、人事考課を進めるうえでも好ましい。その職務が本人にとって主たる役割にもとづくものであり、「職務行動事実にもとづき考課する」という人事考課の原則に合致するからである。

たとえば、係長である部下に対し、考課者の上司が「部下の指導育成」「上司の補佐」などの役割を割り当てれば、係長は「部下の指導育成」「上司の補佐」などの業務を遂行し、上司はその役割に照らし役割と働きぶり、結果にもとづき評価する。

逆にいえば、それらの役割および主たる業務をおさえていなければ、考課者は正しく評価できない。また、評価される側も、主な業務で力を発揮しなければ役割を果たしたことにはならない。目標を「業務」で設定することが賢明なのである。

2. 部下の現在の業務遂行レベルを把握する

選定した業務にもとづき、部下の現在の業務遂行レベルを把握する。**図表3-20**は、経理部門の担当者が住民税の処理業務について、「上司の指導がないと、住民税の処理ができない」と記している。

3. 部下の資格等級を念頭に、期待するレベル（達成基準）をすりあわせる

図表3-20では、「一人で住民税の処理ができる」となっており、仮に翌年達成できたら、これが達成基準となる。さらに同様の目標を設定し続けていくなら、前述の「難易度に応じた目標レベルの加減」により、レベルはある程度引き上げられる。

4. 設定した達成基準で目標項目を明示する

図表3-20では、「住民税の処理能力の向上」としている。

③運用のポイント

■職場のローテーションも検討する

同じ目標を繰り返し設定することは、専門分野の掘り下げというメリットはあるが、業務が属人化されているおそれもある。仕事の幅を広げるためにも、職場のローテーション実施を検討したい。

(6) 間接部門の支援成果は貢献先の最終成果をもとに設定する
①貢献先の影響を受けない成果を設定する

設定される目標の傾向をみると、営業部門は、売上げや利益などの金額で容易に成果を具体化できる。製造部門も、共同目標とはいえ、コストダウンを金額、品質向上を歩留まり率、ミス、トラブルの件数で成果を明確化できる。ところが間接部門は成果がはっきりせず、目標設定が容易でない。

成果がはっきりしない理由は、支援部門ゆえ、貢献先の成果に振り回されるからだ。品質管理部門が製造部門に品質改善を提案しても、改善は製造部門に委ねられる。教育部門が営業担当者に提案力向上研修を実施しても、提案活動や受注は営業担当者に委ねられる。貢献先の成果（最終成果）で目標を設定しても、振り回されては適正な目標設定とはいえない。

②最終成果と支援成果に分けて考える

間接部門の目標は、貢献先が成し遂げる成果（最終成果）と、間接部門が自助努力で支援する成果（支援成果）に分けて考えたい。

営業担当者向けの提案力向上研修を人事部門が企画実施したとしよう。こ

図表3-21　支援成果による間接部門の目標設定

部　門	貢献先	最終成果 (貢献先の成果)	支援成果による目標	
			目標項目	達成基準
品質管理課	製造部門	コストダウン	コストダウン支援強化	問題点と対策案をまとめ、工場に提言し、改善実施を応援する
人事課	営業部門	受注、売上げ、利益、新規開拓	提案力向上研修企画・実施	新たに、営業担当者向けに提案力向上研修を企画・実施する
厚生課	全社員	健康増進、γGTP引き下げ	健康管理強化	メタボ対策案の見直し、社員向けパンフを作成・普及する
広報課	営業部門	受注、売上げ、利益、新規開拓	自社の広告認知率向上	昨年の○%から5%向上させる

れが「支援成果」である。研修を受講した営業担当者が力をつけて新規先を開拓したり受注した結果が「最終成果」である。ここで、人事部門の担当者は「新規開拓の強化や売上げアップ」といった目標は設定できない。それが最終成果であり、営業担当者にその成果を委ねるからである。人事部門（間接部門）は、間接部門が「いかに最終成果に貢献できるのか」を懸命に考え、支援する成果を明らかにすることが大切であり、あくまでも自助努力で成し遂げることができる支援成果を目標とする。

■進め方■

1. 貢献先の最終成果を明確にする

たとえば、品質管理課の貢献先である製造部門の最終成果をコストダウンとする（**図表3-21**）。

2. 自部門の支援成果をSAC活動で具体化する

SACとは、サービス活動で関係先が必要とする情報を収集・提供する（S）、アドバイス活動で関係先に対し専門性を駆使し助言をする（A）、チェック活動で関係先が適切に機能を発揮できるように問題点を指摘し改善提起する（C）ことである。この視点を活用し、最終成果に近づく支援成果の選択肢を増やして目標のレベルアップにつなげる。

③運用のポイント

■間接部門の目標設定・評価方式は、企業の方針により異なる

最終成果と支援成果をふまえた間接部門の目標設定・評価の方式は、大き

く3つに分かれる。

　ある外資系メーカーは、「支援部門とはいえ、最終成果貢献を目的としている。広報部門は、広告の認知率向上ではなく、売上げを目標とすべき」と最終成果を設定させている。一方、ある国内のメーカーでは、「貢献先に成果を委ねられるなかで、最終成果で目標を設定するのは公正とはいえない」と支援成果を設定させている。これら両者の視点を取り入れ、最終成果と支援成果の両建てで設定している企業もある。

■両建て方式での設定が無難

　いずれの方式が適当かは、自社の経営管理体制や人事部の方針で決めるしかないが、成果主義が「結果主義」との批判を浴びたことを考えれば、最終成果と支援成果の両建てとするのが賢明だろう。まれな例だが、エンジニアリング部門に限定し、貢献先が直接評価する方法を独自に取り入れた企業もある。支援成果の評価の仕方も工夫の余地があるようだ。

(7) 複数メンバーで共同の目標を掲げる
①評価時点で判明する共同目標評価のあいまいさ

　業績評価の対象となる目標は通常、個々人が単独で展開する業務を対象とするが、複数のメンバーで取り組む共同目標を奨励する企業もある。製造部門のコストダウン、品質向上の目標、プロジェクトを組み部門間で連携して遂行する場合などに設定されることが多い。メンバーの協力を促し、部門間連携を促進するメリットがある一方で、共同ゆえに、「まとめ役が不在だったため、目標を達成できなかった」などのデメリットも起こりうる。

　評価の問題が生じることもある。ある企業の製造部門では目標達成に力を入れない者がいたため、ほかのメンバーから、「目標達成に努力した自分と何もしないAさんの達成度評価が同じというのはおかしい。このような共同目標では自分の努力が反映されにくく、取り組み甲斐がない」と不満が生じた。

　共同目標の達成度は、メンバー同一に評価するのが一般的なことから、評

価にあたっては達成努力に応じた差がつかず、公正化に支障をきたすおそれもある。このようなメリットとデメリットが並存する共同目標には、どのように向き合えばよいのか。

②目標設定後の日々評価で納得性を高める

　評価の時点でメンバーの不満が噴出しても、そこから改善に取り組むのは容易ではない。想定されるデメリットは、目標の設定段階から対策を講じていく必要がある。たとえば「まとめ役不在」は、目標達成管理のリーダー役を設けることで対応する。リーダーは、共同目標に携わるメンバーでもよい。

　「取り組みのばらつきと達成度の同一評価」に対しては、設定段階で各メンバーの実施計画の分担を明確にし、リーダー役が頻繁に進捗管理し、ばらつきを指導する。大切なのは、メンバー全員の努力を引き出し、達成に向け相乗効果を発揮できるようにすることである。ちなみに、ある製造現場では、班長が朝礼時、夕礼時、交代勤務の引き継ぎ時、午前・午後の定例の現場巡回時に進捗を管理している。それでも取り組みにばらつきが生じるときは、メンバーの取り組み度合いに応じて、能力評価、態度評価等でメリハリをつけ判定する。

　「目標にやりがいを感じにくい者もいる」点は、共同で目標に取り組む意義を地道に説くようにする。その際、同じ部署内での共同目標と、異なる部門で横断的に取り組む部門間共同目標では、微妙に意義が異なる。後者は、「セクショナリズムという部門間の壁をやぶり、全社最適化を促す」ことが求められる（**図表3-22**）。

■**進め方**■

1. 共同目標設定の必要性や拠り所を確かめる

　製造現場では、交代勤務、複数のメンバーでの共同推進によるコストダウン、品質向上目標に取り組んでいる。課内・係内の連携が前提となっており、部門目標を拠り所にすれば、おのずと共同目標が設定できる。

　ただし、部門間（たとえば品質向上目標ならば製造部門と品質管理部門）の共同目標は、上長や他部門の長に意向を確かめておくとよい。

図表3-22　共同目標の設定指導

陥りがちな主なデメリット	防止・緩和対策
まとめ役不在で、目標を達成できない	・目標達成管理のリーダー役を設ける
目標は達成できたが、メンバーの取り組み度合いにばらつきがあるのに、目標達成度を同一に評価されるのに納得いかないメンバーもいる	・各メンバーの実施計画の分担を明確にし、リーダー役が頻繁に進捗管理し、取り組み度合いのばらつきを指導する ・業績目標達成度と取り組みプロセスの評価を分け、後者を能力・態度評価で判定する
個人の努力だけでは達成できず、目標に魅力を感じにくいメンバーもいる	・共同目標への取り組みの意義を説く 〔職場内の連携目標〕メンバー間の相乗効果を発揮し、コミュニケーションの機会と互いに学び合う機会を増やす、協調性を育む 〔部門間の連携目標〕セクショナリズムという部門間の壁をやぶり、全社最適化を促す

【共同目標設定シート】

目標		実施計画(時期含む)	分担					
目標項目(何を)	達成基準(どのくらい)		谷L	佐藤	鈴木	田村	山田	阿部
○○納期の短縮	○○納期を平均3週間以上短縮する	①営業部門、△△設計部合同会議にて実施事項等をすりあわせ、分担決め(4月初旬)	○	○	○	○	○	○
		②・・・・・の分析・まとめ(4月〜5月末)				○	○	○
		③工程別の工数算出と・・・・・・(4月初旬〜下旬)	○	○	○			
		④・・・・・・・・・				○	○	○

2. 共同目標項目と達成基準を設定する

　共同目標項目は、「上位目標・方針を達成するために何に取り組むか」を、その目的と手段の関係で書き出してみるとよい。そのうえで、連携する部門のメンバー、さらに上長と達成基準（ゴール）を合意する。また達成基準は、メンバー共通とする。

3. 連携部門および最終責任者を記入する

　達成基準の合意ができても、達成プロセスで連携に支障をきたすことがある。相互の利害が対立し折り合いがつかない場合である。両者の調整判断を下す者がいないときにその傾向が強いようだ。そこで目標設定段階で連携する部門はもちろん、共同目標の実施最終責任者を明確にしておく。

4. 実施計画を記入する

　実施計画は、メンバーの分担を意識して、できるだけ具体化する。

5. 分担を記入する

　かかわるメンバー全員の分担を記載し、だれがどの実施計画事項に従事するかをわかるようにする。その際、リーダー役の欄も設けておく。**図表3-22**では、谷さんにL（リーダー）が記載されている。

③運用のポイント

■リーダーが頻繁に進捗を管理し指導を進める

　共同目標の大半は、製造現場で設定される。多人数の職場ゆえ、課長、係長でも目が届かず、人事評価同様に現場の班長に任せるしかない。したがって現場の班長には、日々の巡回等を通じ、メンバーがしっかり進めているか状況を把握し、必要であれば計画を修正していくよう指示する。

(8) 種類別目標で規定数の目標を設定する

①力量や職務経験が少ないと目標が設定しづらい

　目標管理では、各人の目標設定数が指定されることが多い。筆者がかかわった多くの企業では、3～5の目標数が指定されていた。指定された数の目標を設定できるかは、メンバーの力量や職務経験に左右される。ベテランメンバーなら業務上の問題を洗い出し、5つ程度の目標候補を見出せるが、経験が少ないと、独力では3つ設定するのも容易ではない。このため、上司が示した目標案をそのまま取り入れることもある。どうすれば、独力で指定数以上の目標を設定することができるようになるのか。

②目標の種類ごとに設定する

　目標の種類別の視点に当てはめれば、少なくとも5つ以上の目標を設定できる。

　一般社員向けの目標には、「能力向上目標」「後輩指導目標」「問題解決目標」「生産性向上目標」がある。管理監督職（課長、係長、主任クラス）であれば、「部下指導育成目標」「職場活性化目標」が代表的である。

特定の職種向けとしては、営業部門なら「売上げ維持向上、利益維持向上、回収率維持向上」、製造部門なら「原価低減、品質向上、納期遵守、安全性確保」があげられる。(**図表3-23**)。

■**進め方**■

1. 能力向上目標を設定指導する

メンバーに期待される能力を高める目標である。強みを伸ばす、あるいは弱みを強化することをめざすものである。

2. 後輩指導目標を設定指導する

メンバーの資格等級で、後輩指導が期待されている場合、資格等級に応える目標として設定できる。

3. 問題解決目標を設定指導する

身近な業務上の問題を解決する目標であり、取り上げる問題で難易度が変動する。メンバーの力量に合わせた目標とすることができる。

4. 生産性向上目標を設定指導する

生産性（productivity）とは、「生産過程に投入された一定の労働力その

図表3-23　担当者の種類別目標の視点と目標サンプル

種類別目標の視点		目標サンプル	
		目標項目(何を)	達成基準(どのくらい)
能力向上目標		○○業務に関する知識向上	○○の通信教育を受講し平均点が80点以上で修了
後輩指導目標		Aさんの○○業務能力の向上	Aさんが一人で○○業務を進められるようにする
問題解決目標		○○業務マニュアルの整備	新たに○○業務のマニュアルをまとめる
生産性向上目標	コスト削減	備品購入コスト削減	備品購入の現状を調べ、主要品5項目について昨年度よりも単価を下げる
	ミスを減らす	業務の正確性の向上	前年度に発生した○件のミスを今年度は△件以内に抑える
	スピードアップ	月次管理資料作成のスピードアップ	Excelを使って作成できるようになる
	効率化	…業務の効率化	…業務(別紙参照)を廃止し、前年度残業○時間を今年度は△時間にする

他の生産要素が生産物の算出に貢献する程度」と定義されている（広辞苑）。一般的には、アウトプットをインプットで割ることで求められる。この生産性向上を目標に掲げるのである。

　コスト削減（無駄や無理をなくす）、正確性の向上（ミスを減らす）、スピードアップ（達成期間・時間を短縮する）、効率化（インプットを下げる）などが取り上げられる。

③**運用のポイント**

■自社版目標サンプル集を用意する

　しかるべき目標を掲げられるようになるには経験が必要であり、経験を積めばおのずと良い設定法が身についてくる。しかし経験の有無にかかわらず望ましい目標の設定が求められることから、不足している経験をカバーするよう実例を用意し、それを手がかりにすると、妥当な目標が設定できるようになる。人事部門に提案し、自社版の目標サンプル集を作成することをお勧めする。

IV
達成管理力、評価スキルを高める

第Ⅳ章は、目標達成管理・評価の実務編にあたる。

中間面談の効果的な進め方や、個別支援・組織支援で目標達成に導く方法、職務遂行レベルが低下した部下を指導する方法など、管理職のだれもが苦労するテーマや、部下自身の自助努力を促すノウハウを取り上げる。

達成度や努力度の評価にそのまま活用できるシートも紹介する。

人事評価では、「職務行動事実にもとづき評価する」という評価原則が設けられている一方で、部下の職務行動を十分に把握することができていない。そこで、この理想と現実のギャップを縮め、

◆目標達成度、努力度を裏づける
◆人事評価を円滑に進める
◆自己評価がもたらす認知バイアスを防止する
◆自己評価の功罪と向き合う
◆関心度の高い部下に評価をフィードバックする

ためのノウハウや工夫として、「評価の証」「補佐役のあり方」等を取り上げる。

自社の評価のフィードバックルールに照らしつつ、活用いただきたい。

1. 目標を達成に導く

(1) 中間面談は目的を定めて進める
①中間面談の位置づけ
　3月決算の企業では、9月から10月にかけて中間面談を予定している。人事評価マニュアルには、「中間面談の目的は、上期を振り返り、下期に反映させること」などと記されていることが多く、管理職の自由裁量でどのようにも進められるが、一方で、的が絞られず進めにくい。本来、中間面談では何をどのように振り返り、下期に反映させるのか。
②指導や動機づけのメリハリをつけた履行
　中間面談の目的は、「目標達成度を把握し、達成に向けて指導する」「働きぶりを把握する」「目標設定・目標見直しを指導する」「労務に関し指導する」「動機づける」ことである。それらを、メリハリをつけて進めたい。

■進め方■

　中間面談の5つの目的を果たすため、「中間面談に向けて準備する」「5つの目的を意識して中間面談を実施する」「中間面談を総括する」の順に進めていきたい（**図表4-1**）。

1. 目標達成度を把握し、達成に向けて指導する
　業績評価の仕組みとして目標管理を導入し、部下に年度目標を設定させているのが一般的である。したがって中間面談の第一の目的は、半期の節目に「目標達成度を把握し、達成に向けて指導する」こととなる。
　半期で目標を設定するのであれば「達成度の把握・評価」となり、年間を通じた目標ならば「中間地点の達成度の把握」となる。また目標達成が遅れていれば、原因を明確にして達成計画を見直すよう指導する。

2. 能力・態度等に関する働きぶりを把握し指導する
　評価の対象は目標だけでなく、能力や態度等も含まれる。半期の節目に

図表4-1　中間面談準備・確認指導シート

部下名：　　　　　　　　資格：
面談日：　　　年　　月　　日

面談準備・中間面談段取り		確認・指導事項の洗い出し
中間面談に向け準備する		①スケジュール設定と指示： ②目標シートの中間評価実施： ③部下との対話材料準備：
オリエンテーションを行なう		①目的を明確に伝える ②状況に応じ目的と面談時間を設定・伝達：
5つの目的を意識し中間面談を実施する	目標達成度を把握し、達成に向けて指導する	①目標達成度把握： ②目標達成の遅れの要因把握・支援指導：
	能力・態度等に関する働きぶりを把握し指導する	①能力・態度等の働きぶりの把握： ②能力・態度等に関する指導：
	目標設定・目標見直しを指導する	①達成基準の明確化： ②状況に応じ目標、達成計画を見直す： ③目標レベルを加減する：
	労務問題解決に向けて指導する	悩み事の把握：
	動機づける	①上期取り組みの良い点を称賛： ②下期に向け期待伝達と不安除去：
中間面談を総括する		部下別の留意事項を整理：面談を終えたら、部下別に留意すべきことを整理しておく

は、それら「働きぶり」も把握し、指導する。まずは、特に顕著な事実（良かった点、改善点）を把握するため、「目標以外に力を入れて取り組んだこと、力をつけたこと、苦労したことを話してほしい」と報告させる。中間面談は、人事考課の原則「職務行動事実にもとづき評価する」を適用する場でもあるからだ。問題行動があれば指導していく。

3. 目標設定・目標見直しを指導する

　目標設定後の環境変化で目標を変更することもある。上位方針見直しにともない開発機種が変更され、ある開発目標が中止された例もある。このような場合、目標を見直し再設定しなければならない。もちろん達成計画も見直しの対象となる。

　また、新規の取り組みで達成計画の見通しが立てにくい目標や調査活動がともなう目標は、年度初めに明確にすることができない。このような「不透明な目標」は、達成に向けて取り組みながら目標を明確にしていく必要があるため、半期の節目の中間面談で可能なかぎり明確にする。目標の難易度レベルも視野に入れなければならない。

　目標の見直しは部下の負担になるので、管理職は丁寧に指導する。この点に配慮し、中間面談で必要に応じ目標を見直すよう指導することを人事評価マニュアルに明記している企業もある。

4. 労務問題解決に向けて指導する

　普段できないアドバイスをしたり、なかなか聞けない部下の悩みや要望に耳を傾けるなど、中間面談を活用し労務に関する問題の解決に向け指導する。本来、日常的に行なわれるべきだが、多忙なためにできないのが実情だからである。

5. 動機づける

　目標に遅れが生じている場合は、下期に向け動機づけていく。

③運用のポイント

■部下の特性や進捗具合に応じて指導にメリハリをつける

　目的が幅広いと、面談にかなりの時間がかかる。管理職は、部下の仕事内

容、進捗の程度、目標内容など、状況を確かめながら業務全般を指導する。たとえば残業も増加傾向にあり、目標達成に遅れが生じている部下ならば、業務の割り振りを見直す指導も考えられる。

(2) 個別支援と組織支援で目標達成に導く
①目標レベルが高すぎて達成の見通しが立たない
　前章で、「不本意な目標で納得ができない」と感じている部下への対応を高めることを紹介したが、目標に納得できない理由はもう一つある。それが「目標レベルが高すぎて達成の見通しが立たない。目標レベルを下げてほしい」というものである。

　同様の問題は、「たとえ達成が困難であっても、経営トップが提示する数値目標を変えることはできない。管理職として引き受けると、部下にどのように説得するか悩ましい」などが、評価者フォロー研修でも提起される。上場企業であれば、利害関係者に成長目標を示し、株主に注目してもらい株価を上げなければならない。だが、働く社員はそれを冷めた目で見ている。両者の溝をいかに埋めて目標達成に導けばよいのだろうか。

②個別支援と組織支援を使い分ける
　支援方法には、上司がマンツーマンで進める個別支援と、職場ぐるみで進める組織支援の2つがある。部下の希望、目標の共通性、職場の事情に応じて使い分けたい。

■進め方■
　部下の希望、目標の共通性、職場の事情により、およその支援の方向を決める。部下の希望とは、たとえば自分の目標を他のメンバーに対して明らかにしたくないなどの理由があれば、上司に個別支援を希望するはずである。

　目標の共通性とは、たとえば営業の新規開拓目標は、全営業担当者共通の目標でもある。月例の営業会議で職場ぐるみで新規開拓の知恵を出し特定の部下を支援することは、全営業担当者に役立つ。したがって組織支援で進めるのがよい。

図表4-2　達成支援2つのタイプの支援の方向づけ

部下名	部下の希望	目標の共通性	職場の事情	支援の方向
Aさん	課長の個別支援	「…業務マニュアル化」はAさんだけの取り組み	・課長は月2回(隔週)会議とタイミングをみて同行訪問をしている ・目標設定面談、中間面談、評価面談を担当者全員に定例実施	・個別支援にて日常業務の間に月1回は面談を行ないアドバイスする ・マニュアルに赤ペンを入れコメントする
Bさん	個別支援、組織支援問わない	「新規開拓」は担当者全員の目標		・月2回(隔週)30分の会議を開き、担当者全員で新規開拓策を検討する ・課長が必要に応じ同行する

　職場の事情は、担当者全員が集まる時間がどれだけ取れるのか、上司が単独で支援する時間がどれだけ取れるのかである。これは、マネジメントのやりくりで乗り切るしかない。

③運用のポイント

■日常マネジメントのなかで支援を進める

　「これはAさんの目標達成指導」「これはBさんの業務上の指導」など、必ずしも切り分けて指導する必要はない。中間面談などの実施は制度上、規定されているが、日常マネジメント上の支援は柔軟に進めることが大切である。

(3) 職務遂行レベルが低下した部下を指導する

①評価の低い部下を動機づけることができない

　筆者は面談力を高める研修を実施した際、評価面談で特に苦労した項目を調査したことがある。12項目から2つを選択してもらったところ、「評価にメリハリをつけられない」(81件)、「評価が甘くなる」(77件)、「評価の低い部下を動機づけることができない」(42件)の3つで全体(290件)の約70％を占めた(このあとに、「目標達成結果の面談が時間内に終わらない」「評価の裏づけとなる事実を把握・伝えられない」「手続きに沿って評価点をつけられない」などが続く)。

このうち、「評価にメリハリをつけられない」「評価が甘くなる」は、管理職のだれもが苦労する内容で想定どおりだったが、予想外に回答数が多かったのが「評価の低い部下を動機づけることができない」であり、「評価の低い部下」とは、次のとおりであった。

◆ メンタルヘルスの不調から復帰したばかりで、期待レベルで職務を遂行できていないが、産業医の指導により無理はさせられない社員
◆ 慢性的な要員不足が続いているなかで、在籍社員の生産性を高めるため、注目されるようになった評価の低い社員
◆ 豊富な知見を発揮してもらおうと配置しても、給料の安さなどさまざまな理由からやる気や職務遂行レベルが低下した再雇用のシニア社員
◆ 配置転換で専門的知見がゼロに近い状態のなかで業務に就いた社員

組織の期待レベルと現状の職務遂行レベルのギャップが大きい「職務遂行レベルが低い社員」に対し、目標達成度を含む評価をする際、どのように指導すればよいのか。

② 2つの自助努力でレベルアップへの道筋をつける

部下の努力の幅を広げ、レベルアップがはかれるよう、「自己啓発」と「業務上の心がけ」（2つの自助努力）を通じて、部下に前進する道筋を示す。これにより、上司自身も指導の責任感、プレッシャーを和らげられる。

■進め方■

1. 本人の自助努力を促す

まずは本人に、組織の期待レベルと現状の職務遂行レベルのギャップが大きいため上司の指導だけではフォローできないことを諭し、自己啓発と業務上の心がけ（2つの自助努力）を促す。

2. 自己啓発を幅広くとらえ、取り組むよう奨励する

自己啓発は、自分の意思で自発的に業務外の時間を活用し、自らの能力向上をはかるものである。取り組み方は、部下本人に委ねられ、上司は、「その取り組みは役立つ」と奨励するにとどめる。

自己啓発には、書籍学習、通信教育受講、ネット学習、通学、社外勉強会

参加など幅広い方法がある。これらを含め、たとえば以下が例としてあげられる。
◆プレゼンテーション力、業務の専門分野に関する社外研修を受講する
◆毒物劇物取扱責任者、安全衛生管理者、ボイラー技士、簿記、TOEIC等の資格を取得する
◆専門書やビジネス書を購読し、学んだことを勉強会で発表する

3. 行動改善にあたっての業務上の心がけを求める

日々の業務で、部下の是正すべき行動を段階的かつ繰り返し改善するよう促すもので、次のようなアイデアがあげられる。
◆タスク管理の手帳への記入、To Doリストの作成を促す
◆雑談のなかで、自分の見解を述べさせる
◆英文ほかの情報をまとめてお客様への情報提供に活かす
◆課内会議の進行役を任せ、指導力、コミュニケーション力を鍛える
◆過去の報告書から報告事項を学ばせ、日々の取り組み報告に応用させる
◆担当業務マニュアルの新規作成、見直しや、業務フローのとりまとめなど

このうち、「To Doリスト作成」は、仕事の優先順位づけを適正にするのに役立つ。また「業務マニュアルの見直し」は、業務分析力を高めたり、表現力や問題解決力を鍛えるのに役立つ。いずれにしても、業務上どのように心がけるかを伝え、指導する。

③運用のポイント

■部下の気持ちをおもんぱかり、支えていく

低い評価が続く理由には、「失敗が続き自信も意欲も失ってしまった」「定年後に仕事のやりがいが見出せず、気力が薄れてきた」など、さまざまなケースがある。このため、画一的な指導では解決できない。

評価の低い部下には、その気持ちをおもんぱかり、孤立しないよう支えつつ、指導していきたい。

2. 達成度、努力度を評価する

(1) 目標達成度、努力度を裏づける
①目標達成度や努力度はどのように把握するのか
　管理職は評価に際し、部下の目標評価シートに記載された自己評価の記述内容を読み、目標達成度を評価判定する。企業によっては努力度も評価している。日常のなかで、部下の目標達成の取り組みを把握して、コミュニケーションもはかれている場合、管理職は自信をもって評価シートに一次評価を記述できるはずだ。

　だが、そのような職場ばかりではない。「部下が30人を超え、個々の働きぶりを把握できない」「部下は営業担当で自分の目が届かないところで働いている。努力の度合いどころか、働きぶりもわからない」「経理課で、部下とは同じ職場だが、部下は出社から退社までずっとパソコンの画面を見て仕事をしており、ときどき他部署と電話でやりとりしている、という状況。上司の私には、区切りがついたときにメールか口頭で報告がくる程度である。パソコンに向かっている＝働いていると評価してよいものか」などの相談を筆者はよく受ける。

　このような職場では、どう対処すればよいのか。
②「評価の証」で事実を把握し、評価の納得性を高める
　目標達成度、努力度を含め、部下の働きぶりと成果の裏づけとなる「評価の証（あかし）」には、データ、資料・メモ、アンケート、テスト・資格、写真、立ち会い・同席・同行、現物の7種類がある。それらが評価にともなえば、観察だけに頼らず幅広く事実を把握でき、評価の納得性を高められる。

■進め方■
1. データで把握する
　数値目標の場合、達成度は、売上げ管理表などの「データ」で示される。

2. 資料・メモで把握する

数値化できない定性目標では、作成された資料・メモが目標達成度、努力度の証となる。

ある技術研究所では、研究開発目標の裏づけとして、エビデンスファイルを担当者に作成させている。年度を振り返りまとめた資料やメモをA4判のリングファイルに綴じ、評価面談の材料としている。

3. アンケートで把握する

顧客の声を可視化・定量化するのがアンケートである。人事教育の担当者が主催した研修の参加者アンケート結果が、満足度と達成度評価の証となる。社内取引制度を設け、設計部門の仕事の評価に活用したユニークな事例もある。

4. テスト・資格で把握する

能力向上目標の達成基準では、テストや資格取得試験の合格や基準点獲得などが目標達成の証となる。たとえば、海外出張をめざす営業担当者が語学力向上のために学習したなら、TOEICでの獲得点数結果通知などが該当する。同時に語学力向上の証とすることもできる。

5. 写真で把握する

改善目標で、改善前後の状態を示すことに活用できる。

設備保全部門では、メンテナンスの徹底等の目標が設定されるが、巡回時に発見した故障箇所の修理前、修理後をデジタルカメラで撮影し、それら写真を報告書に貼付している担当者もいる。

6. 立ち会い・同席・同行で把握する

若手の営業担当者が商品説明力向上という目標を達成できたかは、上司がお客様への説明場面に立ち会えば評価できる。いわゆる観察法である。

7. 現物で把握する

社員のだれもが目標として取り上げる「業務標準化」は、作成されたマニュアルが「現物」として示される。

これらの証に目を向けることで、部下の働きぶりを結果（成果）として把

握できる。

　ある電力会社では、目標達成度や能力の発揮度合い、態度考課の職務行動事実の裏づけとして活用しており、「成果品」とも呼んでいる。評価の際に、証を提出することを義務づけたところ、自己評価の平均点が0.5以上、下がったという。これは、証をもとに自問自答することにより、自己評価点を厳しくつけるようになった結果だと推測される。

③運用のポイント
■記憶による評価から裏づけによる評価へ

　以上７つの証のうち、立ち会い・同席・同行は、「私はその行動を見た、聞いた」という観察そのものであり、管理職（評価者）の記憶に刻むものである。記憶は、好き嫌いの感情でゆがんでしまいかねないが、そのようなことのないよう証を活用する。目標達成度、努力度を記録している管理職もいるが、事実メモをとるだけでなく、その場での指導を奨励したい。

(2) 自己評価がもたらす認知バイアスを防ぐ
①部下の自己評価を起点とすることの功罪

　自己評価は本来、「評価者が把握できない被評価者の働きぶりを把握し、評価の公正化をはかり、納得性を高める」「被評価者に評価に対する責任感を自覚させ、人事評価に主体的に取り組んでもらうようにする」ことが目的である。そのため、自己評価を取り入れることで、「説明が不得手な部下が書面で取り組みをアピールできるようになり、人材発掘につながった」とメリットを享受できた企業もあるが、評価の甘辛が被評価者に生じることから、評価が高止まりするデメリットに悩む企業もある。

　このデメリットは管理職に悪影響を及ぼすこともある。運用上、管理職は、自己評価点を見たうえで一次評価を決める。自己評価が脳裏に刻まれているために、評価が甘くなる管理職もいる。大げさな表現だが、自己評価の幻術にかかってしまうのだ。筆者は管理職研修の参加者から、「３つに１つは評価を認めるという上司の評価の癖を見抜き、あえて自己評価を甘くつけ

る被評価者もいる」との話を聞いたことがある。

②**自社の自己評価制度の仕組みに応じて対処する**

　自己評価制度は、「被評価者に自己評価点をつけさせる」「被評価者に取り組んできたことを説明する機会（自己PRの機会）を与える」という2つのタイプに大別できる。それぞれの仕組みのメリットとデメリットを理解し、指導ポイントをおさえたい（**図表4-3**）。

1. 自己評価の仕組みと特徴を把握する

【被評価者に自己評価点をつけさせるタイプ】

〔メリット〕

◆被評価者が自ら評価点をつけることで、緊張感をもって自己の取り組みの振り返りができる

図表4-3　自己評価の仕組みのタイプに応じた指導ポイントシート

自己評価の仕組みのタイプ		被評価者に自己評価点をつけさせる	被評価者に取り組んできたことを説明する機会（自己PRの機会）を設ける
メリット		評価点をつけることで緊張感をもって自己の取り組みを振り返ることができる	本人が認めてほしい事実を上司にPRできる。上司が知らない「部下の働きぶり」を把握でき、評価の納得性を高められる
デメリット		①評価根拠がないのに、高い評価をもらおうと過剰評価する者が出てくる ②評価者が自己評価点に幻惑され評価点が甘くなる場合がある	自分に厳しい、遠慮がちな被評価者は、PR事実を厳しくみてしまう。また良い取り組みをあえて報告しないこともある
指導ポイント	個別ポイント	①特に5段階評価の4以上の評価点は評価の証（裏づけ）を求める ②未記入の人事評価シートで、評価者が把握している事実をもとに評価点をつける。次に被評価者の自己評価事実および自己評価点と比べる。そして一次評価点を決める	自分に厳しい、遠慮がちな被評価者については、日頃から、働きぶりについて、周囲からも情報を集めるよう心がける
	共通ポイント	①説明の際、評価の証（裏づけ、エビデンス）を用意させる ②自己評価根拠の説明の際、際立った事実（良い事実・まずい事実）に焦点をあて説明させる ③被評価者の評価の癖（甘くなる傾向、自分に厳しくつける傾向等）をつかんでおく ④特に、自分に甘い被評価者には、日々評価（日常のなかで良い事実・まずい事実を指摘、指導すること）を心がける	

〔デメリット〕
◆評価根拠がないのに、高い評価をもらおうと過剰評価する者が出てくる
◆評価者が自己評価点に幻惑され、評価点が甘くなる場合がある

【被評価者に自己PRの機会を与えるタイプ】
〔メリット〕
◆本人が認めてほしい事実を上司にPRできる
◆上司が知らない「部下の働きぶり」を把握でき、評価の納得性を高められる

〔デメリット〕
◆評価者と同様に評価のばらつきが発生し、自分に厳しい、または遠慮がちな被評価者は、事実を厳しく評価したり、良い取り組みをあえて報告しないことがありうる

2.指導ポイント
◆説明の際、評価の証（裏づけ、エビデンス）を用意させる
◆自己評価根拠の説明の際、際立った事実（良い事実やまずい事実）に焦点をあて説明させる
◆被評価者の評価の癖（自分に甘く、または厳しく評価する傾向等）をつかんでおく
◆特に、自分に甘い被評価者には、日々評価（日常のなかで、良い事実やまずい点を指摘、指導すること）を心がける

【被評価者に自己評価点をつけさせるタイプ】
◆5段階評価の4以上の評価点では、評価の証（裏づけ）を求める
◆評価者はまず、未記入の人事評価シートに自らが把握している事実をもとに評価点をつけてから、被評価者が記入した自己評価事実と自己評価点を見て、一次評価点を決める

【被評価者に自己PRの機会を与えるタイプ】
◆自分に厳しい、遠慮がちな被評価者の働きぶりは日頃、周囲からも情報を集められるよう心がける

③運用のポイント

■日頃のコミュニケーションを通じて働きぶりを把握・指導する

　自己評価制度は、被評価者に評価権を与えるものではない。おおざっぱな表現になるが、被評価者による評価根拠にかかわる働きぶり情報の提供であり、それを活用し、評価するのは評価者である。それだけに、日頃からコミュニケーションを取り、働きぶりを把握・指導することが重要である。

(3) 部下の自己評価を指導する
①自己評価は、「ないと不安」「あれば不満」の種となる

　人事考課は、評価者が自社の人事考課基準に則って、被評価者の職務行動事実にもとづき、考課することである。被評価者は考課しない。ところがいつの頃からか、被評価者が考課に参加する仕組みである「自己評価」が取り入れられた。導入の背景には、「被評価者に自己PRの機会を与え評価の納得性を高める。評価者が把握できない事実をおさえる場を設けないと評価の公正化がはかれず不安である」という納得性や公平性の向上をはかる目的があったが、一方で「自己PRしたにもかかわらず、期待できる評価がされず、被評価者の不満が増大した。評価者からも、裏づけのない過剰な自己評価が増え、指導しにくいとの不満が増大した」などの弊害が発生するようになった。

　ないと不安。あれば不満の種となる自己評価にどのように向き合い、被評価者である部下を指導すればよいのか。

②メリット創出策とデメリット緩和策

　管理職は、自己評価のメリット・デメリットをふまえて指導したい（**図表4-4**）。

■**進め方**■

1. 評価者にとって難易度が高い指導業務であると自覚する

　まず、被評価者は、評価者のように人事考課を学ぶこともないため、人事考課制度への理解度は、評価者に比べ圧倒的に低い。評価者は、そのような

図表4-4 メリット創出策とデメリット緩和策

代表的な自己評価のメリット	創出策
目標・仕事の達成感を味わい自信にもなる	評価の証を成果品として自覚させる
上司が気づかない働きぶりを伝えられる	面談、面談以外の場の報告の機会をつくる
自分の良さを文書・口頭でPRできる	「…できるようになった。新たに…した」など事実をもとにまとめさせる機会をつくる

代表的な自己評価のデメリット	緩和策
過剰に低く・高く評価してしまう	評価の証で自問自答させ、感情的な自己評価にならないようにする
人により評価基準の解釈が異なる	被考課者研修で、ばらつくこと、相互にすりあわせることの重要性に気づかせる
自分の枠組みで見たものしか見えない	評価面談時に評価者が評価項目等を組織の期待としてわかりやすく伝える

被評価者に自己評価を適正に進めさせることが難易度の高い指導業務だという点を自覚しなければならない。

2. メリットを創出する

代表的なメリットをおさえ、そのメリットが引き出せるようにする。特に自己PRできる機会は重要である。

3. デメリット緩和に取り組む

自己評価には功罪があり、特に罪（デメリット）の「過剰な評価、過少な評価」には、適正に対処しなければならない。過剰・過少評価を完全に防げないとしても、前述の評価の証で自問自答させたり、評価面談で対話材料に活用するのが賢明である。たとえば5段階評価で4以上の場合は、評価の証を示すことを義務づけ、評価の納得性を高めるなどがある。

4. 人事考課制度に対する理解を高める場をつくる

被評価者に対し、人事考課制度に対する理解度が高まるような機会を設ける。人事担当者であれば昇格者研修等の節目に人事考課制度説明の機会をつくる。評価者は人事部門から配布された制度説明ガイドをもとに、特定の評価項目の部門における解釈や具体化を話し合う機会を設ける、などができるだろう。

5. 日常のコミュニケーションで評価納得性を高める

　日常のコミュニケーションを密にすることで評価納得性を高める。

　ある営業所長は、規定どおりに部下と年2回面談し、評価面談で目標達成に向けた問題点を指摘し、改善を求めていた。しかし部下から、「所長は評価面談の段階で初めて、ここが問題だから直せと改善を求めるが、なぜ普段から言ってくれないのですか。最後になって指摘するのは、単なる嫌味ですよ」と、思わぬ反発を受けた。部下の指摘は的を射たものであり、日々のコミュニケーションの大切さを物語っている。

　所長は、この日を境に部下たちと毎日会話することにした。多忙ななか時間を割き、営業担当者が18時に事務所に戻ってくるのを待つ。担当者が戻ると、「ご苦労さま」と声をかけ、「今日はどうだった？」と一言添える。「注文がとれた」と返ってくれば、「君の努力が実ってよかった」と称賛の言葉を返し、無言でうつろな表情であれば、「何かあったのか？　大丈夫か？」と問いかけ、部下から状況を聞き出すようにした。このようなコミュニケーションが取れるようになってから、評価に対する部下の納得性が高まった。

　部下の働きぶりを把握し、その場で指導したり助言したりする。これが「日々評価」である。これができれば、自己評価の仕組みの有無にかかわらず評価の納得性も高まるうえ、人事考課のねらいとする人材育成の目的も果たすことができる。

③運用のポイント

■裏づけにもとづく自己評価の機会を広げる

　自己評価の仕組みの有無にかかわらず、被評価者に裏づけにもとづく自己評価の機会を与え、適正な自己評価が進められるようにするとよい。目標設定段階では、目標達成の成果物（評価の証）をイメージさせ、中間面談では、半期の成果物（評価の証）を確認させる。評価面談では、まさに評価の証を示させる。またキャリア面談を実施しているならば、いままでのキャリアを振り返り、自身のキャリアを示す成果物（評価の証）をリストアップさせることもできる。

評価の証の活用機会を増やせば、裏づけをもとにした自己評価が浸透していく。

(4) 評価を育成に結びつける
①評価のフィードバックでは評価点を伝えるべきか
　理想とする評価のフィードバックを人事担当者にたずねると、返ってくる答えはどの企業もほぼ、「少なくとも評価点はきちんと伝えること」に集約される。

　ところが現実の運用は理想とはほど遠い。自社の人事評価ルール、管理職のマネジメント力等が理想とするフィードバックに影響を及ぼすからである。

　「うちの管理職の指導力ではフィードバックは無理だ。評価点に納得できない部下に反論されたら、受け入れてもらえる説明ができるか疑問だ」「そもそもうちの評価ルールでは、一次評価者が評価調整前に評価点を伝えるのは誤解を招く。評価点のフィードバックはやるべきではない」と評価点をあえて伝えない企業もある。一方で「組合アンケートでは、評価点とその評価根拠を伝えてほしい者が95％を超えている。それに応えないといけない」と、根拠を被評価者に伝える企業もある。各社事情を抱えるなか、評価を育成に結びつけるという人事評価の目的を実現するにはどうすればよいのか。

②育成フィードバックの４つの視点
　評価点を伝えなくても評価を育成に結びつけられるフィードバックがある。育成フィードバックの４つの視点を活用すると、評価の低い部下に対してもためらいがなくなり、次期に向け復活の機会を与えられる（**図表4-5**）。

■**進め方**■
1. 管理職が育成フィードバックの意義に気づく
　育成フィードバックとは、評価根拠をもとに評価結果を伝えるだけでなく、部下の育成に向けて方向づけることである。評価が良い部下には、次の成長に向けて能力アップの課題、つまり強みを伸ばす能力課題を示す。評価

図表4-5　育成フィードバックイメージ

育成フィードバック4つのキーワード	コメント例
重点能力課題	今期を振り返り、来期の重点能力課題として、提案力を強化してください
能力開発方法	体験学習で提案の仕方・ポイントを学べるよう、「2日間の提案力向上研修」に参加してはどうでしょう。参加予算をとります
上司の支援	来期は、年間を通し、提案に際して、提案書の作り方をアドバイスします。同行し、提案の仕方を一緒に考えていきましょう
動機づけ	あなたなら大丈夫です。一緒にがんばっていきましょう

が低い部下には、その弱みとなる行動を改善する補強課題として、弱みを克服する能力課題で方向づける。さらに、能力を鍛える方法を示し、上司が支援すれば、評価が低くても部下のモチベーションは高まり、希望をもって取り組む効果が期待できる。

2. フィードバックの全体像をおさえる

　フィードバックでは、今期の目標達成度や働きぶりを振り返り、「重点能力課題」「能力開発方法」「上司の支援」を伝え、「動機づけ」を行なう。

3. 重点能力課題に気づかせる

　部下は、自分の強みや弱みに薄々気づいているが、強みを伸ばす課題と弱みを補強する課題のいずれに取り組むべきか順位づけができない。そこで、管理職が広い視野から優先すべき重点能力課題を気づかせるのである。

4. 能力開発方法を助言する

　部下自らが鍛えるべき能力に気づけても、習得する手段・方法を具体化するのは容易ではない。そこで、指導経験もあり、情報ネットワーク網ももつ管理職が、自身の経験や自社の教育体系から、部下の能力向上に役立つセミナーや研修、学習場所と時間帯を選べる通信教育、ネットで学べるeラーニングなど、幅広く能力開発方法を助言したい。

5. 上司の支援やサポートを伝える

　部下が主体的に能力を習得していくのが望ましいとはいえ、発展途上にある部下には、管理職の指導・支援が必要である。その方法には、同行や面談

等マンツーマンで進める個別指導・支援のほか、勉強会や会議での検討会など組織のメンバーと進める集団指導・支援がある。個別指導・支援を基本に、集団指導・支援を取り入れたサポートをお勧めする。

6.動機づけの言葉をかける

最後に、「一緒にやっていこう」「困ったときはメールでも相談にのるから心配するな」など、励ましの言葉や動機づけの言葉をかけていただきたい。

③運用のポイント

■おしつけることなく納得性を高めていく

上記のとおりフィードバックしたとしても、その内容を部下が納得するかはわからない。そのため、部下と対話し、本人の気持ちや問題意識を確かめながら進めていくことが重要である。「この重点能力課題について君はどう考える？」「どんな学習をしたいと思っている？」などとたずねてみる。すると、「私は提案力より問題解決スキルを学びたい」「自分の都合のよいときに学べる通信教育を受講したい」と自分の意向を伝えてくる部下もいるだろう。

上司と部下の間で重点能力課題の優先順位が異なることもあるので、その点を話し合い、部下が納得できるよう導いていきたい。

(5) 人事考課を円滑に進める

①人事考課に補佐役を設ける

人事考課に補佐役を設けることには賛否があるが、設けることには３つの理由がある。

まず、被評価者の人数の多さである。たとえば30人以上の看護師をかかえる大病院の看護師長や、50人の部下をかかえる製造現場の係長が全員を評価するのは容易ではない。これだけの人数になると、部下を評価しようにも目が届かないからだ。この例の場合、病院では看護主任、製造現場では班長が補佐役として支援することになる。

２つ目は、部下の担当業務の専門性が高く、考課者だけでは評価判定でき

ない場合である。評価者が異動し、まったく未知の分野の職域（たとえば営業の所長が人事課長になるなど）で評価するのは困難だからである。

3つ目は、組織の特性上、上司と部下が同じ場所で就業しておらず、働きぶりを把握することがむずかしい場合である。自治体の各種相談所では、しばしばこのケースがみられ、係長クラスを補佐役に任命することがある。ただし、情報システム企業などで、評価対象である部下のシステムエンジニアがクライアント先に単独で常駐しているケースでは、補佐役をおくことは不可能である。このような場合は課長が定期的に出先を訪問して部下の評判を確かめるなどしている。

では、補佐役にはどのような役割を分担してもらえばよいのだろうか。

② 3つの事例で学ぶ補佐役のあり方

考課補佐役を導入し役割を分担している3社の例を紹介する（**図表4-6**）。

■進め方■

1. 製造現場の係長と班長

係全体の人員（班員）が30人を超え、働きぶりを把握しにくいことに加え、製造現場で働く班員は広範囲に配置されているため、指導監督上、現場単位（ラインと呼ぶ）で10人程度ごとに管理者が必要となる。その約10人の班員

図表4-6　企業で進める考課補佐役導入例

業種・職種	考課補佐役を設けた背景	考課補佐の役割例
製造業・製造現場	・係が30人以上で把握しにくい ・約10人の班員を日々観察するのは現場班長である	・日々のライン作業の割り振り、職場巡回を通じ指導する ・評価シートの下書き作成と班員との育成面談のみ実施 ・係長が評価する前に情報提供面談実施
エネルギー供給企業・スタッフ部門、現業部門	・業務の専門性が高く、考課者でも評価できない業務がある。業務に精通する係長クラスの評価での助言が必要である	・あくまでも組合員のため、目標設定面談（考課者も同席）での助言にとどめる ・考課者には、評価判定の際での助言に限定する
自治体・相談所等	・部署によっては、部下と上司が異なる職場（遠隔地）で働いていたり、課だけで20人を超える職場もあり職務行動把握が困難である	・考課者の役割を代行することとなる ・考課者と補佐役が一次考課結果等をすりあわせることが義務づけられている

を日々観察するのが現場班長である。

　このような多人数の職場では、部下の把握や面談は容易ではない。したがって、実務的な面談は班長がすべて担うことになる。スタート時点の職務の割り振りや目標設定面談も、班長に任せている職場が多く見受けられる。一方、一次考課者の係長は、評価点をつける。理由は、係長は非組合員であり、班長は組合員だからである。いわゆる考課権がない班長は、係長に部下の働きぶりを報告し、係長が考課することになる。このような企業では、係長は、評価点を面談で部下にフィードバックしない。そもそも、評価点は最終調整で組織が決めるものであり、伝える仕組みを設けていないのが実情である。また管理職のマネジメント力がそのレベルに達していないというのも、フィードバックしない理由である。

2. エネルギー供給企業の課長（一次考課者）と補佐役

　エネルギー供給企業は、担当者の業務の専門性が高く、一次考課者が評価するのが困難な場合がある。そこで、特定分野に精通する係長クラスが考課を補佐することが必要となる。また現業部門になると、別な観点から考課を支援する者が必要となる。交代勤務制の職場では、日中勤務の考課者は、夜間勤務の担当者の働きぶりがわからないため、補佐役を立てて働きぶりを報告してもらうしかないのである。

　以上をふまえ、現業部門のみ、課長がベテラン担当者との会議を設け、部下の働きぶりを報告してもらっている。

　またこの企業では、係長が目標設定面談（考課者も同席）で助言することができる。係長は「彼の取り組みは、この半年このような具合でした」と報告し、評価判定の際には助言が求められている。

3. 自治体の課長（一次考課者）と係長

　部署によって、部下と上司が異なる職場（遠隔地）で働いていたり、課の人数が20人を超える職場もあり、職務行動把握が困難である。人数の多さ（管理スパンと呼ぶ）と物理的な条件から、考課の補佐役が必要となっている。

　補佐役である係長は考課者の役割を代行することになるため、考課者と一

図表4-7　考課の補佐役導入・展開のモデル例

導入・展開手順	実施内容
導入背景となる評価の問題と発生職場の把握	多人数職場、専門性の高い職場で、中心化傾向、寛大化傾向が生じていないか調査する
問題をふまえ補佐役の対象職場やルール規定整備・承認	対象職場(すべてか製造部門等特定職場か)を決め、補佐役の人事考課ルール規定を策定し、組合と協議・承認する
考課者研修の実施	考課者および考課補佐役に研修を実施し、相互の役割分担等を周知する
職場での人事考課の両者の役割分担のすりあわせ	研修後、または研修にて、職場での人事考課の役割分担を具体的にすりあわせ、職場で適切に進められるようにする

次考課結果等をすりあわせることが義務づけられる。職員の人事考課にはきめ細やかさが要求されるため、補佐役には、職務行動記録シートに職員の際立った取り組みを記録し、さらに指導することを求めている。

③運用のポイント

■補佐役に安易に依存しない

あえて考課の補佐役を設けるデメリットをあげれば、考課者が補佐役に依存し、自らの考課者としての取り組みがおろそかになるおそれがあることである。

補佐役制度を導入している企業はこの点に配慮し、考課者も責務を果たし安易に補佐役に依存することのないよう、考課者研修で周知している。また同様に補佐役にも、考課者とほぼ同様のカリキュラムで考課者研修を実施している企業もある。考課補佐役導入にあたっては、**図表4-7**の手順で進めたい。

(6) 評価結果に対する部下の反論に備える

①評価結果を伝える面談は行なわれているのか

各社の評価面談ルールは、目標達成度と能力・態度評価のフィードバックを同時に進めるか、別々に進めるかの2つに分かれる。さらに、評価結果まで伝えるかは、各社の事情で異なる。

評価面談ルールを設けても、実際には面談しない管理職もいる。部下が評価に納得できずに反論してきた場合、それに対処できる自信がないからであ

る。なかには、反論に対し繰り返し評価根拠を説明したが、それでも納得してもらえず、面談をやめてしまった管理職もいる。

部下が評価で反論した場合、フィードバック経験のない管理職であれば、即座に受け答えできないこともあるだろう。どのように対処すればよいのか。

②反論理由をすべて引き出す

評価フィードバック面談では、「たとえば？」「どんな点が？」「ほかにないか？」の三大用語を活用して反論理由すべてを引き出したうえで、どう対処すべきか判断できるようにする。

■進め方■

1.「たとえば」「どんな点が」で呼びかける

この２つの用語は、反論した理由を具体的に説明してもらうための呼びかけである。２つの用語を合わせて使う場合もあれば、１つだけの場合もある。「納得のいかない理由は、たとえばどんな点ですか？」「納得のいかない理由は、どんな点ですか？」といった具合である。

2.「ほかにないか」で呼びかける

２つの用語で、部下が納得のいかない理由を説明したあとに、説明したことがすべてなのかを確かめるためにこの言葉を使う。もし言い足りないことがあれば、「実は、もう一つあります」「ほかにお伝えしたいのは…」と付け足すだろうし、言いつくしていれば「これ以上はありません」「これだけです」と締めくくるはずである。

3. すべて聞き出したうえで対処する

すべてを聞き出したら、理由に応じて対処すればよい。どうしても部下が納得しない場合、管理職は一人で抱え込まず、上司である部長や人事課長と三者面談で対処するのが賢明である（**図表4-8**）。

③運用のポイント

■反論の理由を聞く際は状況把握を優先する

反論理由として多いのが、「自分のやったことを認めてもらっていない」

図表4-8 評価に納得いかない理由と対処法

評価に納得いかない理由	上司の対処
評価者の評価根拠の説明不足で誤解を招いた	再度丁寧に評価根拠を説明する
評価者の評価が自己評価を下回った	自己評価の甘さを指摘し、評価根拠事実と評語（評価点の定義）の解釈の甘さを指導する
再三にわたる評価根拠の説明にも自己評価の正当性を主張する	上司の部長または人事課長など第三者に参加してもらい、三者面談で相違点を整理しながら、自己評価の位置づけ（参考情報であり、評価の決定権がないこと）を確かめ、すりあわせていく ＊不服申し立ての制度がある場合には、制度ルールにもとづいて対処する
その他、思わぬ理由だった	個別の理由に応じて対処する

「上司の評価が自己評価を下回った」である。ほかに「もっと話を聞いてほしかった」「この機会でないと上司と話す時間がない」「短い時間で面談を終えることに納得できない」などが示されることもある。「反論した理由を丁寧に聞いてもらえ、言い分も聞いてもらえた」とそれだけで納得し、上司と部下の関係がよくなった事例もある。

　評価者は、言葉上の反論の理由に加え、部下の真意把握に努め、そのうえで対処することが大切である。

V
マネジメントの生産性を高める

プレイングマネジャーでもある管理職は、残業規制で部下の仕事も背負い込み、マネジメントの時間は削がれがちである。したがって、担当業務を効率化すること、本来の仕事であるマネジメントの時間を増やすことが喫緊の課題となっている。この2つの課題を解決する方法を第Ⅴ章では取り上げる。

　マネジメントの時間は安易に増やしても、効果があがるとは限らない。ダラダラ会議がそれを象徴している。そうならないよう、マネジメントにメリハリをつける取り組みを事例やノウハウ、手法から学んでいただきたい。たとえば

◆勉強会推進ノウハウ
◆全社視点を打ち出し、部門間の対立を和らげる「期待マトリックス」
◆朝礼のマンネリ化を防止し効果的に推進する工夫
◆技能伝承にも役立つ「担当業務紹介シート」

に加え、新任管理職が一人前になる期間を短縮する

◆マネジメント活動モデル
◆評価判定モデル
◆マネジメントガイド

の概要を紹介する。

1. 管理職の業務効率化

　働き方改革への取り組みが進展している今日、管理職から次のような悩みがあがるようになった。
　「経営トップの年度目標・方針にもとづき、部門の目標・方針を決めました。管理職の私には、部門の目標・方針達成がもっとも重要ですが、日常業務においては、お客様のクレーム処理、役員と部長に提出する資料の作成、残業規制で部下に割り振れない業務処理等に優先順位をつけてさばかなければ、年度目標達成に力を注げません。ですから私にとっては、日々のマネジメントが年度目標達成以上に重要なのです」
　ここから、2つの課題が浮かびあがってくる。すなわちプレイングマネジャーの管理職は、残業規制で部下の仕事も背負い込み、ますますマネジメントの時間を削がれることから、担当業務の効率化を進めることと、一方で、本来の仕事であるマネジメントの時間を確保することである。

(1) 担当業務の生産性を向上させる
①プレイヤーとしての担当業務を効率化する
　管理職のだれもが、プレイヤー（担当業務を担う者）とマネジャー（マネジメント業務を担う者）の2つの立場にある。両方の立場にもとづき業務の生産性を高めていくことが必要である。プレイヤーとしての担当業務は、業務効率化の7つの視点で職場全体の生産性を高めていく。ちなみに生産性は、産出量（アウトプット。ここでは仕事量や成果等と位置づける）を投入量（インプット。ここでは社員数や労働時間等と位置づける）で割ったものだが、社員を増やしたり、残業時間規制もあり残業時間を安易に増やすことはできない。したがってインプットを下げ、期待するアウトプットを生み出す効率化アプローチで進めることが必要である。

②職場ぐるみで効率化に取り組む

　効率化は、初めて取り組むメンバーでも、そのアイデアを見出すことができるので、職場ぐるみで進める。着眼点は7つある。

■**進め方**■

1. 廃止の視点

　活用していない管理資料の廃止、儀礼となっている辞令作成や交付業務の廃止など、不要になった仕事をやめる、もしくは中断し様子をみる。

2. 簡素化の視点

　伝達会議を電子メールを通じた連絡に切り替えるなど、目的に合わせて進め方や様式を見直す。

3. IT化の視点

　集計業務、経理業務、給与計算等の定型業務をソフトウエアで処理できるようにするなど、手作業の仕事をIT化する。なお、データ入力や情報収集などのパソコンの定型作業を自動化するソフトウエア「RPA」（ロボティック・プロセス・オートメーション）もあるが、多額の費用がかかるため、低額で実施できるソフトウエアを活用するなど工夫したい。

4. 標準化の視点

　製造業務、経理業務などの定型業務等の業務標準を設定し、もっとも望ましいやり方に統一する。

5. 集中・分散化の視点

　外注管理、教育、備品購入などを一つにまとめたり、各出先別に進めるなど、内容に応じて集中化あるいは分散化をはかる。

6. アウトソーシングの視点

　業務委託は、受付、教育などのほか、研究開発、営業など幅広い。費用対効果に照らし、進め方を含めて見直す。

7. サービスレベルの引き下げの視点

　給茶サービスのセルフ化、受付取り次ぎの自動化、手書き報告書の清書不要化など、仕事の丁寧さに歯止めをかけ、一定限度に抑える。

③運用のポイント

■職場単位だけでなく、全社での効率化も進める

　効率化案件のなかには、全社で協議すべき「報告資料の廃止・簡素化」、情報システム部門と調整が必要な「週報のIT化」など単独で進められないものがある。職場単位での効率化が困難な場合は、役員会など上層部で効率化アイデアを協議することになるので、業務効率化案をまとめる際には、業務効率化案実施の条件（たとえば役員への提出用月次方針進捗管理報告書の簡素化案については役員会の承認をとりつけること）を明記しておきたい。

(2) 効率化と強化でマネジメントにメリハリをつける

　プレイヤーとして担当業務を効率化しても、マネジメントに投入する時間は限られる。したがって、マネジメントにメリハリをつけ、効果的・効率的に進められるようにする。ここでいうメリハリとは、効率化（業務・活動量を減らす）と強化（業務・活動量を増やす）である。

　ただし、効率化と強化に取り組めば、マネジメントにメリハリをつけられるわけではない。強化しても、生産性が上がる保証はないのだ。それを象徴するのがダラダラ会議である。1時間の会議を3時間に増やしても、議論が拡散するだけでまとまらなかったり、意見を整理できず混乱することさえある。生産性を高めるには、マネジメントの「場」「手段」に応じて、ノウハウや手法を組み合わせて活用するのである（**図表5-1**）。

図表5-1 マネジメント活動体系表

場・手段	目的	参画メンバー	時間・頻度等	進め方の工夫
安全衛生委員会	①安全に関する知見を高める ②月次の実績の振り返りと翌月の見通しづけ	所長以下全員	月1回、10:00～12:00	①主任のリーダーシップ力を鍛え、責任意識を自覚させるため、業務連絡等の報告を任せている。若手に議事進行を任せる ②安全委員の担当者（若手）2人のまとめる力を鍛えるため、議事録を担当させる。まとめたあと、所長の添削を経て全員に回覧後、本社に送付する ③全員の問題解決力を高めるため、ランダムに質問（こういう事象があった。あなたならどうする？）を投げかけ回答させる
症例検討会	各種症例情報を共有化し、スタッフ全員のスキル向上をはかる	薬局長、薬剤師全員	月1回、閉店後、1～1.5時間	①発表機会均等化のため、持ち回りで進める ②テーマは、「対応に困った事例」「対応に疑問を感じた事例」を優先し、問題共有化をはかる ③対策等も共有化する
朝礼	①当日の連絡事項を伝達 ②クレーム・過誤等を報告し、注意を喚起する	遅番の班長と早番出勤者全員（班長含む）	毎朝、8:55から、5～10分	遅番の班長より ①前日の申し送り事項を確認する ②クレーム・過誤等の問題事項を伝達する（前日に連絡ノートに記載する） ③本社合同会議で入手した他工場の事例をタイムリーに紹介する
終礼	①最新の通達情報、店内の出来事を共有化する ②明日の予定を確認する	全員参加（残っているパート社員含む）	毎日、17:10～17:30頃、5～10分程度	①輪番制の一般行員または最後に受け取った者が通達を読み上げ紹介する ②当店だけの取り組みで、今日の出来事、明日の予定を紹介する ③内容に応じて、支店長が補足コメントを入れる
早朝勉強会	病気や薬、制度等医療に関する動向を共有化する	薬局長、薬剤師、医療事務担当者全員	毎月10日頃、8:30～8:40	①薬剤師、医療事務担当者全員持ち回りで担当する ②ネットや新聞の記事（業界専門誌等）を活用する
勉強会	①社内業務の流れを理解 ②販売店・顧客への商品説明力向上	課長以下全員（講師は他部門も有）	年6回（予定）	①営業業務に関するノウハウ資料を活用しエリアの特性（差異）をおさえてもらう ②商品知識に関しては、注力商品に絞り、講師は課員が当番制とすることでさらなる知識を得る
育成強化面談	特定メンバーの指導育成強化	特に強力に育成指導を要するメンバー	最低でも月1回、随時	①業務についてのハードの指導でなく、他部門からの要請伝達や指導（仕事のミスを成長のチャンスとして意味づける） ②面談手順を工夫する（課長が他部門から話を聞く→そのうえで本人の言い分を聞く→事実にもとづいてタイムリーに要望等を具体的に話す→本人が理解できなければ、業務に詳しいリーダーが加わり指導する）

区分	目的	対象	頻度・時間	内容・留意点
個別面談	担当者の悩みの抱え込み防止	職長 担当者全員	担当者から相談を受けたとき 30分〜1時間程度	①「Aさんとうまくいってない」など、主に人間関係を中心に相談にのる ②一方だけの話を聞いてコメントしないよう、もう一方の相手の話も聞く ③部下がつぶれる前に救いの手を差しのべられるよう、相談がきたら即時対応する ③「話を聞くこと」に重きをおき、本人が解決努力の方向を見出し進められるように導く ※上司への依存心を取り除くようにする
同行による指導	担当者の商談力向上と得意先との人間関係構築	所長と担当者全員	最低でも月1回	①「営業担当者として今日は一緒に回る。参考になることは取り入れてくれ。今日の進め方のシナリオはこうだ」と訪問前に説明 ②終了後「今日の進め方はどう思う？ なぜあそこでこうしたかわかるか？」などと問いかけながら、部下に考えさせるようにする
同行営業	営業担当者の支援と受注確率の向上	課長と担当者	都度 （実績としては週2回程度）	上司として同行の出番を次のように予定。 「新規開拓」「大型商談」「先様で上席が列席する」
声かけ指導	問題の抱え込み、肥大化の防止	課長からメンバー全員に対し	残業等で在所のとき	①気になる事象（残業が多い、疲れが見える）を発見したら「大丈夫か？」と声をかける ②アドバイス・指示を受ける部下に過剰介入だと誤解されないよう、みなにソフトに伝えている
声かけ指導	業務遂行状況の把握と労務管理	課長から営業担当者全員	毎日 夕方の帰所時	①夕方までに、管理資料作成等とりまとめ仕事、優先度の高い仕事を片づけておく ②帰所者全員に、「おかえりなさい。今日はどうだった？」と必ず声をかける ③状況に応じ時間をずらし対話時間を取る
巡回指導	作業標準どおりに進めているかチェック指導する	班長が部下全員に対し	毎日 朝礼後の8:00から、10〜20分	①手順書に従って進めているか自らの目で確かめる ②まずい点があればラインを止め指導 ③やれない仕事、初めての仕事なら手本を示したうえで本人にやらせてみて、やりづらい点はないかを本人に確かめ指導する ④右利き、左利きで作業のしづらさも変わることに注意する
日常観察	メンバーの部下指導育成状況を把握する	部長が主に課長を対象	都度	よく席を立って若い人の横に出向いている課長に注目する ＊面倒見のいい人のところに集まっている傾向がある
巡回指導	担当者の健康状態のチェック	職長、担当者全員 （正社員、契約社員）	8:00〜8:05	①体操中のおしゃべりなどは、即座に注意する ②その際、「体操にも意味がある。体をほぐし、血のめぐりをよくして仕事に臨めるようにするためだ。体操をきちんとやることは組織のルールを守ることにもなる」と諭す

メール代わりの日報指導	得意先との情報交換の内容を報告させ指導する	課長から部下全員	毎日	①報告書式を定めず自由に書かせ、本人の持つ情報を引き出せるようにする ②よくできたら「褒めるコメント」、そうでないなら「こうしなさいの指導コメント」 ③依頼事項の報告がないときは、「報告して」と指示コメント
イントラネットマネジメント	システムの変更やトラブル対応のナレッジとして共有化をはかる	課長以下全員	都度	①トラブル時の対応方法を記入・登録する ②サーバ・クライアントセッティング方法、ライセンスなどの管理なども登録する ③アプリケーション設定などを記入登録する
	会議前に知恵を絞り、会議の生産性を高める		会議の数日前から当日直前まで	①課長が事前にテーマを決め、課員に、書き込むことと、ほかのメンバーのアイデアに目を通しておくことを指示する ②ブレスト3原則「批判しない」「思いつきを大切にする」「数を出す」を守る ③会議当日プロジェクターで映し、討議からスタートできるようにする
2ウェイの電話指導	リアルタイムで部下の商談状況を把握し指導する	部下全員	商談終了後、夕方、翌朝	①商談が終わったら、必ず電話で報告させる ②一日の報告に際し電話で指導する

2. 場と手段に応じたマネジメントの展開

　管理職の年間のマネジメントには、会議・打ち合わせ、朝礼・昼礼・夕礼、勉強会、面談、同行、巡回・声かけ、観察、電子メール、社内LAN、携帯電話、インターネット等を用いた会議などの幅広い手段・場がある。それらの場や手段ごとに活用のノウハウを理解し、年間のマネジメントにメリハリをつける手がかりにしたい（**図表5-1**）。

(1) 場や手段の活用法を実例に学ぶ
①会議・打ち合わせ
　管理職にとって、会議や打ち合わせの場は、複数のメンバーに一度に影響力を発揮し、部門や部下をとりまとめる場である。年間の活動ウエートも上位に位置づけられる。管理職になって会議と資料、資料づくりが増えたと実感したのではないだろうか。

　参加しなくてもよいと感じる会議（たとえば他部門との合同会議）、開催しなくてもよいと感じる会議（たとえばメールなどで伝えればすむ伝達が目的と化している会議）がある一方で、さらに力を入れて効果を高めたい会議（たとえば新製品の販売方法について知恵を出し合い具体化する会議）もある。

　課内会議に限定すれば、上司が指導してくれたら部下は助かる。また、自分の考えを主張できれば、上司、周囲に認めてもらえるチャンスにもなる。だが、締め切りの迫った資料の作成に追われる身としては、業務遂行時間を会議に奪われることから、会議で内職したりする者もいるだろう。

　管理職はこのような特性をふまえ、意図をもって会議・打ち合わせを進めたい。またその意図は部下に周知しておくことが大切だ。上司と部下で、何を優先するのか、その順位が異なるからである。

【事例】安全衛生委員会を育成の場に活用する

　安全衛生委員会（会議）は、月に１回開催されている。労働安全衛生規則第23条では「事業者は、安全委員会、衛生委員会又は安全衛生委員会を毎月一回以上開催するようにしなければならない」と開催が義務づけられているが、会議内容は定型化されていることが多く、毎回同じことの繰り返しなので飽きてしまう。そこで、新任の現場所長がメリハリをつけた進め方を試みてみた。

　「20歳代が半分を占める若手中心の職場なので、育成に力を入れてほしい。それが前任の所長からの申し送り事項でした。マンネリ化しやすい安全衛生委員会ですが、育成のために３つのことを心がけています。１つ目は、「主任のリーダーシップ力を鍛え、責任意識を自覚させるため、業務連絡等の報告を任せる」ことです。議事進行も若手に任せています。２つ目は、「安全委員の担当者（若手）２人のまとめる力を鍛えるために議事録を担当させ、所長が添削したうえで、みなに回覧し、全員が確認したあと、本社に送付する」ようにしています。最後は、「全員の問題解決力を高めるため、ランダムに質問を投げかけ回答を引き出しています。こういう事象があった。あなたならどうする？」といった具合です」

　所長がねらいとしたのは、回答の適切さよりも、とっさに自分で判断・決断し、回答する経験を積ませることである。さらに、これらのやりとりを議事録にまとめさせ振り返ることで、部下は、判断・決断の現状と改善点に気づき、１年間の成長度を確かめることができる。育成と評価に役立てているのだ。

②朝礼・昼礼・夕礼

　一日の仕事が始まる前に、上司が部下を集め、その日の取り組みを方向づけるのが朝礼である。昼礼を行なうところもある。スーパーマーケットなどでは、パート社員が交代するため、業務指示事項（たとえば積極的に売ってほしい割引品等の説明）を朝、昼、夕で徹底するため、３度開催しているそうだ。指示伝達に加え、技能伝承の機会に位置づける管理職もいるが、毎日

繰り返される朝礼等は、やがてマンネリ化する。マンネリ化防止の工夫をしつつ、続けることが大切だ。

【事例】クレーム・過誤防止の注意を喚起する

　朝礼が盛んな職場は、製造現場である。当日出社した社員の人数、構成、また健康状態を把握しなければ、責任者は配置を決められないからだ。とりわけ、24時間交代勤務の工場では、交代班に着実な引き継ぎが求められる。

　朝礼では、班長を筆頭に早番出勤者全員が集まり、遅番の班長から引き継ぎを受ける。注目したい取り組みは2つある。一つは、前日のトラブル対応やラインの不具合箇所の修繕など、注意すべき申し送り事項を確認すること、もう一つは、クレーム・過誤等をその日のうちに連絡ノートに記載し翌日、事実にもとづき問題事項を伝達することである。連絡ノートはリレーのバトンであり、引き継ぐ班長と担当者全員に渡すことが必要である。これにより、クレーム再発や過誤を防ぐことができる。

③勉強会

　OJTが、管理職が部下一人にマンツーマンで個別に指導する指導法であるのに対し、勉強会は、複数の部下に指導育成する指導法である。金融機関では閉店後の勘定を締めたあとに、ビデオを見ながら新商品の理解を深めたり、営業所では営業担当者が帰所後に、ベテラン担当者を講師に提案の仕方を学んだりしている。

　部下一人ひとりを個別に指導する余裕がない管理職には、効率的な指導育成法だが、参加者の理解度に格差が生じるデメリットもある。

【事例】全員がそろう朝礼時のショート勉強会

　ある調剤薬局では、ほぼ全員がそろう朝礼を活用し、無理のないよう、月1回10分間程度の勉強会を定例開催している。「お客様の監視のなかで働く」という特性上、業務開始前の朝礼は、内部管理のためのコミュニケーションとして重要な場・手段である。薬剤師、医療事務担当者全員が持ち回りで発表を担当し、幅広い視野でお互いが学べるようにしている。全員が参画意識を持つことでモチベーションも高まる。また、遅番等の欠席者には後日学習

できるようにレジュメを配布し共有化している。

　10分間でも勉強会ができる事実は、すべての管理職の励みになる。ぜひ取り入れたい。

④面談

　部下や関係者と、目的をもってマンツーマンでやりとりする活動（対話）が面談である。部下指導育成面談もあれば、取引先との交渉、上司への報告もある。対話となれば、それなりのスキルも必要とされる。新任の管理職に人事評価面談や目標設定面談のトレーニングを実施したり、部下指導育成スキルの一環として傾聴スキルを学ばせるのは、このためである。

　また、マンツーマンだけに、管理職も部下も気を使う。だから、話しやすい雰囲気づくりが面談のポイントとしてあげられる。互いに見つめ合っていると息もつまるからと、ホワイトボードを面談に活用する管理職もいるが、間をおき、対話内容を整理するうえでも効果的なやり方である。

　事前準備、面談実施、事後フォローをシナリオをもって臨むことも大切である。目的に応じた面談の組み立て方、進め方を考えてみたい。

【事例】部下のミスをフォローする

　部下の指導育成は、手間はかかるものの、思うように指導効果があがらないことも多いが、それでも真剣に向き合い、力を入れる管理職は少なくない。

　他部門との連携業務を担当する部下に対する不満の声が頻繁に他部門から届いていることから、「育成強化面談」を定例的に始めた課長の例を紹介する。自身も苦労して40歳を過ぎて課長になっただけに、部下を落ちこぼれることなく指導する手間のかけ方に２つの工夫をこらしている。

　一つは、ルーチン業務はそつなく進めているのに、他部署と連携がうまくできない部下には、周囲からのクレームがたび重なれば、精神的にも疲弊しかねないからと、「仕事のミスは、成長のチャンス」と繰り返し、プラスに受けとめられるよう指導している。もう一つは、面談手順の工夫である。まず上司（課長）が他部門から話を聞き、次に本人に、どのような意図で、ど

のように仕事を進めたのかを話してもらい状況を見極めたうえで、事実にもとづきタイムリーに、改善してほしいことを要望として伝えるようにしている。このような手順を踏むことで、指導が一方的になることを防ぎ、もし本人が理解できなければ、業務に詳しいリーダーも加わり三者面談の形でわかりやすく話をする。

　月に少なくとも1回は面談し、問題が生じる都度、随時面談しているが、今後本人が他部門との業務が円滑に進められるようになれば、回数はおのずと減っていくだろう。

⑤ 同行

　上司が部下の外回りに同道し、指導育成するのが同行である。主に営業部門で取り入れられているが、たとえば市役所などでは、地権者との交渉には複数の職員が立ち会うことになっており、係長や主任と担当者の組み合わせなどもみられる。

　同行の一般的な目的は、指導育成である。同行を通じ上司自らが交渉やプレゼンテーションの手本を示したり、逆に部下の営業方法に助言することが多いが、管理職が関係者に影響力を発揮し、交渉力を高めることもある。また同行には、部下の働きぶりを把握するという目的もある。人事評価項目のうち、交渉力や折衝力は、その場に居合わせないと評価判定しにくいことから、同行は絶好の機会といえる。

【事例】営業シナリオを事前に共有し、事後の指導で振り返る

　担当者の商談力向上と得意先との人間関係構築を同行の目的とし、前者に力を入れている営業所長は、事前指導と事後指導を組み合わせることで指導効果を高めている。この営業所長は、かつて同行して手本を示し、本人にやらせたあとに、コメント指導を続けていたが、それでは部下が受け身になり、たいした効果がなかったという。そこで、所長がどのように商談を進めるかを訪問前に担当者に示し、特に提案のシナリオの流れを頭に入れさせてから訪問し、実際に所長の動作ややり方を見ることで、理想的な商談の展開をイメージできるようにした。そしてお客様との商談後、「きょうの私の進

め方、商談についてどう思う？ なぜあそこでああしたかわかるか？」と問いかけ、本人の問題意識を探るとともに、質問を投げかけ、できるだけ本人が主体的に考えるようにしている。

　このような事前および事後の指導法は、モデリング（手本を示す）などの指導定石を上回る効果が期待できる。

⑥巡回・声かけ

　管理職が職場を巡回しての指導育成は、製造現場では定例化している活動である。問題行動を発見したときは、その場で作業をストップさせて指導することもある。オフィスの巡回もまれにあるが、事例としては少なく、それだけに、管理職には巡回すること自体がマネジメントのメリハリづけになるだろう。

【事例】居残り社員に声かけし、ブラック化を防止する

　残業時間は国の規制で限度が設けられたが、社員の申告残業時間と実態がかけ離れていることは少なくない。

　定時以降も仕事をしている状況を改善しようと、夕方の定時以降に仕事をしている担当者に声かけを始めた管理職がいる。職場に、過剰残業で精神疾患をわずらい、休職に追い込まれた社員が出たからである。居残り疲れが見える社員を見つけたら、「大丈夫か？」と声をかけるようにした。とはいえ部下にしてみたら、「課長に依頼された仕事を明日までに仕上げなければならないのに」と、ありがた迷惑のときもある。部下の都合にも配慮し、またアドバイス・指示を受ける部下に過剰介入だと誤解されないよう、おだやかな言葉で部下に声をかけているそうだ。

⑦観察

　人事考課の第一の原則は、被評価者の職務行動事実にもとづき評価することである。職務行動事実を把握するには、部下を観察し、よくやっている事実、好ましくない事実を目にしたら、それを記録しておくこと、評価を育成に結びつけるには、その場で「これは良い取り組みだ。ぜひ続けてほしい」と褒め励まし、あるいは「これはいただけない。このように改めよう」と問

題点と改善方向を指摘指導することが期待される。

　つまり、意識して行なう観察は人事考課を適切に進め、部下を指導育成する重要な場・手段なのである。

【事例】オフィス内での管理職の巡回指導に注目する

　オフィスで働く管理職を観察し、人事考課に役立てている部長がいる。部長の席は部下全員の働く様子が見えるような位置にあることが多いが、この部長は「管理職の仕事は影響力の発揮であり、評価項目にあげられているリーダーシップ行動を見極めるには観察するしかない」と、頻繁に若い人の席に出向いている課長の観察を心がけている。さらに課長が去ったあと、適当なタイミングで、さっき課長とどんな話をしたのかを聞くと、指導内容もわかるという。このように意識して観察すると管理職の指導力が評価できる。

⑧電子メール（メール送受信）

　電子メールの登場で、上司は、目の届かない部下に業務連絡、指示、指導ができるようになった。一人ひとりに応じた指導だけではなく、職場全員に指示を連絡することもできる。あまりの便利さに、利用件数が増え、処理に追われる管理職もいる。

　複数の者にも、あるいは同じ場所や同じ時間にいなくても、さらには取引先や他部門にも指示や連絡ができ、文書等も送付できる。外勤の者や時間に追われている者は、それらを手のすいたときに見ればよい。

　一方で、この便利さが不便さも生じさせている。一日100通以上のメールを受信する管理職も少なくない。「いかにメールを見ないでさばくか」がメールマネジメントの重要なポイントになっている。また、感情が伝わらず、文章だけを解釈するため誤解を招くこともある。

【事例】電子メールでのコメントは3つに絞る

　部下へのコメントを3つに絞り指導に役立てている、医療機関を得意先とする企業の例を紹介する。上司が多忙であること、得意先が点在し移動に時間を要するため直行直帰の営業活動スタイルをとっていることなどの理由から、得意先との情報交換の内容はメールで報告されている。

Ⅴ◆マネジメントの生産性を高める　139

メールを日報代わりに活用し、書式を定めず自由に書かせることで、収集した情報を引き出すようにしている。そのうえで、よくできたときは褒め、そうでない場合は、こうしなさいと指導メールを、報告がないときは「報告して」と指示コメントのメールを送るようにしている。日報代わりのメールであることから、記録に残すことを意識しているという。訪問先が医療機関であり、電話は周囲に情報が漏れる可能性もあるので、コンプライアンスの面からも電子メールを活用している。

⑨**携帯電話、インターネット等を用いた会議、テレビ（web）会議**

通信機器の発達により、「外勤している部下に連絡が取れず、柔軟に対応するよう指示ができない」ことが減ったように、携帯電話の普及でコミュニケーションが取りやすくなったのは事実である。また、テレビ会議は遠隔地に点在する複数の者が、相手の表情を確認しながら会話ができる。それらの特徴を理解して、使い分けたい。

【事例】電話報告後に上司が社内調整業務を即時代行

外勤の営業担当者とのコミュニケーション手段として、携帯電話を活用している企業は多い。あるメーカーの営業課長は、商談終了後に必ず電話で報告させ、外勤で商談に駆けずり回る営業担当者に代わり他部門等との調整にあたっている。管理職の立場にない部下は、携帯電話を活用しても他部門との調整にかなり時間がかかる。一方で、競争の激しい業界ゆえ値引きや仕様に対する得意先の細かな要求に即座に回答することが求められる。そこで得意先への即時対応をはかるため、管理職が社内調整業務を代行するのである。なお営業担当者は帰社間際の商談の場合には帰社後に、直帰の場合には夕方に電話で報告し、上司不在の場合は翌朝、口頭で報告することになっている。

(2) 組み合わせでマネジメントの幅を広げる

上記で紹介したマネジメントの場・手段は、うまく組み合わせて活用したい。たとえば電子メールでCCに入れるメンバーを減らしたところ、はずさ

れた部下から「私を排除するのですか」と文句を言われた管理職は、さっそく口頭で「まったくの誤解。あまりにもCC件数が多いので、減らすためにとった策だ。わかってほしい」と理解を求めた。組み合わせることで、マネジメントの場・手段のデメリットを相互補完し、相乗効果を発揮できるようにする視点こそがメリハリをつけるポイントである（**図表5-2**）。

【事例】社内LANとミーティングで年長部下を活性化

年長の部下の活用に行き詰まりを感じていた課長は、その打開策として、商談企画書検討を目的に部下に自主的にミーティングを開催させることにした。課長自身は参加しないことから、開催にあたっては3つのことを心がけた。1つ目は、年長の部下を尊重し、まずは年長者にミーティングのリーダー役を担せ、機会を均等にするため、輪番で全担当者にリーダー役を回していくこと、2つ目は、作成した商談企画書を社内LANに掲載し、課内のだれもが企業名を記入し活用できるようにしたことで、これは、結果的には年長者の技能伝承を形にすることにつながった。3つ目は、ミーティングの結果のみを報告してもらうことである。ミーティングのアウトプットは社内LANを通じて、年長者を含む担当者全員が成果物として共有でき、達成感

図表5-2　場・手段の組み合わせによるマネジメント活動体系表

場・手段	目的	参画メンバー	時間・頻度等	進め方の工夫
部下限定自主ミーティングと社内LAN	①部下の自主性を培う ②商談企画書案を部下全員で検討させ、各自のアイデア出しを促す	部下全員（課長除く）	月1～2回	①年長の部下を尊重し、まず年長者にリーダー役を担せ、輪番で全員に回していく ②検討作成した商談企画書を社内LANのフォルダーに掲載し、課内のだれもが企業名を記入し活用できるようにする ③部下だけで自主的に進め、結果のみ報告してもらう
電子メールと口頭での指導	部下の良い・まずい事実や改善点を随時指摘する	部下全員	日々	①気づいたその場で指導する ②海外のむずかしい事案のメールに、自ら考え、的確に対応できたら、メールで褒める。そうでない場合は、問題点を口頭で指摘し指導する

にもつなげられる。

【事例】 メールと口頭指導を使い分ける

　海外から担当者宛に届き、自身にはそのCCが送られてくる英文の問い合わせメールに一通り目を通している課長は、特にむずかしい事案の場合は部下の回答メールを入念に確認し、部下が自ら考え的確に対応したら、「的確な回答だ。申し分ない」とメールで褒め、そうでない場合には口頭で、「ここはこうだから、こうしよう」と指導している。部下は褒められたメールを大切に保存しているそうだ。

3. 状況に応じたマネジメントの展開

(1) 個別指導の限界を集団指導でカバーする
①OJTの理想と個別指導の限界
　後輩や部下を指導育成する基本はOJT（上司や先輩が仕事を通じて業務に必要な能力を指導育成すること）にある。マンツーマンで向き合い、丹念に希望も聞き、指導計画を立て進めていく。理想はメンバー全員にOJTを進めることだが、プレイングマネジャーは、担当業務を優先せざるをえないこともある。そこで、部下一人ひとりを個別に指導するのではなく、複数の部下に集団指導で効果・効率を高めるのである。

②勉強会を体系的に進める
　個別指導ができない状況のときに、メンバーを同時に指導する。それが集団指導の勉強会である。一度に複数のメンバーを指導するので、指導効率が高まる。またメンバーが輪番制で講師を担当すれば、プレゼンテーション力や、勉強会のテーマごとの専門性を高めることができる。
　メンバーに勉強会の必要性や概要を理解、納得してもらったうえで、数回にわたる勉強会を体系的に進めていきたい。

■**進め方**■

1.「勉強会体系表」をまとめあげる

　勉強会を仮に2ヵ月に1回実施しても年間6回となる。この1年間を通じた勉強会を**図表5-3**のように一つの表にまとめあげる。多忙な管理職に代わり、係長・主任クラスがメンバーに呼びかけ企画のアイデアを出させてもよい。**図表5-3**は物流会社の例である。
　講師は、若手社員が担うこともある。多忙ななかで勉強会を開催するため、多くの職場では、職場会議と合わせて実施している。また講師、出席者の負担軽減のため1回当たりの時間は30分、長くても1時間に抑えたい。資

図表5-3　勉強会体系表

テーマ	対象者	講師	1回の時間と回数、開催時期	準備物
輸出管理	発送管理業務にかかわる者	主任技師（or技師）	30分、年2回 ○年12月と6月	テキスト
包装設計品質向上教育（技術伝承）	包装設計従事者	全員（持ち回り）	30分、年1回 ○年1月	各自の包装設計技術革新資料
環境ISO14001年度教育	全員	技師	30分、年1回 ○年4月	テキスト
業績数値の読み方	全員	経理担当者	60分、年3回	決算関係書類
プレゼン資料の上手なつくり方	営業に従事している者	Power Pointに精通している若手	30分、年5回	PC、サンプル
日本の輸出入通関の仕組み	貿易業務に従事している者全員（海上／航空）	通関士	60分、年4回 輸出・輸入それぞれ2回	関係法規の抜粋

料などの準備物も、出来合いのものを活用するので構わないが、講師自身がテキストやレジュメを作成すれば、自らの自己啓発にもつなげられる。

2. 上司への提案を兼ねたプレゼンテーションシートを作成する

　勉強会体系表をもとに、上司への提案を兼ねた勉強会案内プレゼンテーションシート（勉強会開催の背景、目的、進め方、年間スケジュール、開催に向けた準備のすりあわせなどを簡潔にまとめたもの）を作成する。参加者への案内や準備に向けたすりあわせをイメージするとよい（**図表5-4**）。

3. 担当勉強会のシナリオをまとめる

　担当者（講師）は、勉強会のシナリオを企画書にまとめる（**図表5-5**）。企画書は勉強会案内の際、メンバーに配布したい。勉強会体系表をもとに、目的や開催場所、レジュメに加え、備品類や気づいたことなどを具体化する。

③運用のポイント

■参加者のレベル格差に配慮する

　効率的な指導育成が勉強会の利点だが、参加メンバー一人ひとりの能力に合わせたレベルでは組めないので、能力の高い者にとっては価値を見出せず、わからないことが多いと感じる者にはしんどいという欠点をともなう。

図表5-4　勉強会案内プレゼンテーションシート（例）

そこで、できる者には講師を担当させて理解を深めさせたり、追加の宿題で飽きないようにする。わからない者には、個別に指導することで対応していきたい。

図表5-5　勉強会企画シート

所属　横浜営業所　氏名　山田太郎　　　　年　　月　　日

1. テーマと目的	「お客様のクレーム対応」をテーマに、適切なクレーム対応のやり方を学ぶ
2. 日時・頻度	○年○月×日。所内ミーティング終了後の16：00～16：30を予定 1回のみ
3. 場所	○○会議室
4. 担当講師	山田　太郎
5. 対象者	所長含めメンバー全員
6. 準備物	①プロジェクター ②クレーム対応の手引き ③過去の始末書 ④レジュメ ⑤ホワイトボード
7. 勉強会の内容 （目次）	(1) 当社クレームの現状 ①過去3年間の件数推移 ②クレームとなったお客様の傾向 ③クレームとなった原因の傾向 ④クレームとなった製品の傾向 ⑤傾向からわかる3つのポイント (2) 当社クレーム対応の現状 ①クレーム対応方法とコスト ②対応後の成果と取引の推移 ③当社クレーム対応改善の3つのポイント (3) 的確なクレーム対応の考え方・進め方 ①求められる営業担当者の基本スタンスとは ②望ましいクレーム対応の6つのステップ ③ステップ1. 状況把握 ④ステップ2. ヒートアップした状況をクールダウンする ⑤ステップ3. クレーム原因に対する解決行動 ⑥ステップ4. 必要に応じて応急措置 ⑦ステップ5. クレームを肥大化させないよう歯止めをかける ⑧ステップ6. エンディング (4) 質疑応答
8. その他	時間があれば、他社でのクレーム対応事例を紹介する

(2) 全社視点を打ち出し、部門間の対立を和らげる
①なかなかぬぐいされない部門間の利害対立
　経営者は、部門最適ではなく全社最適の視点で臨むことを求めるが、課長クラスの責任者にとっては自部門の役割を果たし目標達成することを最優先にしたい。それこそ、部門間の利害の調整は上位の部長が決めればよいと考える。しかし部長が調整しても、部門間の利害対立は解消されず、「あの部門とは、なんとなくギクシャクしている」というモヤモヤ感がぬぐいされないことが多い。

②相互の隠された期待を確かめる
　「何かギクシャクしているな」と感じたときに、お互いが何をしてほしいのか、理由は何かを伝え合い、わだかまりをなくすことにつなげられるツールが、「期待マトリックスシート」である。部門間、職場のメンバー間でも活用できる。

■進め方■

1. 部長が検討ミーティング開催の趣旨を関係者に伝える

　上位者である部長の承認を得て、利害関係がある課長を集め、検討ミーティングを実施する。冒頭で、コーディネーター役の部長が、相互に期待する活動を伝え、部門間（部間）の連携余地を見つけられるようにする検討ミーティングである旨を伝える。

2. 他部門への期待を明らかにする

　すべての関係部門（**図表5-6**はA〜E部門）に向けて、「自部門を除き1部門に対し1つ」を原則に、期待することを5W2H（いつ、どこで、だれが、だれに、何を、なぜ、どのくらい、どうする）で具体化してもらい、各課長が付箋紙に記入する。その際、特に次の3つの視点を意識してもらう。

◆ 自部門（だれ）が他部門（だれ）に対し期待するのか（例：A部門（だれ）よりB部門（だれ）へ）

◆ 目的は何か（例：納期に間に合うよう部材を手配するため）

◆ 期待行動は何か（例：見積もり額等をお客様と合意したら、見積もり明細

を電子メールで送ってほしい）

3. マトリックスシートに各自、付箋紙を貼る

　図表5-6のように「○○に対し」（期待する対象となる部門）と「○○より」（期待を抱く部門）を縦と横に位置づけたマトリックスシートを模造紙に描き、各自が順番に付箋紙の期待内容を読み上げることにより期待を交換しつつ、模造紙に貼っていく。期待を伝えられた相手は内容を確かめるだけにとどめる（期待に応えるかの検討はこの後のステップとなる）。

4. 即実施できるものはその場で回答する

　期待内容のうち、手間をかけずに即実施できる項目は対応する。期待に応えるのに仕事の方法・段取り変更等が必要なら改めて協議の場を設ける（事例の期待には即座に応えられるが、業務手順の変更が必要となる期待は安易には受けられない。そのような場合、管理職は期待を自部門に持ち帰り協議

図表5-6　期待マトリックスシート

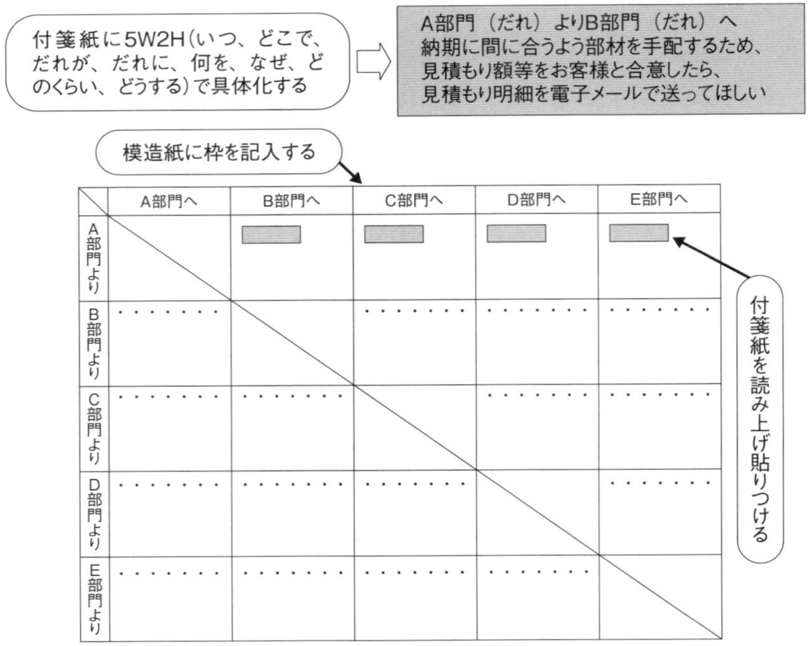

する）。

　参加した課長が10人以内でもここまでで１時間程度かかる。したがってステップ４でいったん締めくくり、時間をおいて、持ち帰った期待の再協議やステップ５を進める。

5. ギブアンドテイクを基本に協議を進める

　１回目のミーティングから適当な時間をおいて、引き続き部長がコーディネーター役となり、改めて２回目以降の協議を進める。協議の視点は次のとおりである。

◆期待を抱く部門（課長）は、応えてもらうことのメリットを明確にし、歩みよれるレベルを示す
◆期待に応える部門（課長）は、歩みよれるレベルを示し、相手先に要望があれば明確にする
◆部長が両者ともに、職場全体にとって最適な方法は何かを基本にすりあわせ、折り合いをつけるように調整する

③ **運用のポイント**

■ **職場内の連携にも応用できる**

　期待マトリックスは、職場内（課内）のメンバーと進めれば、チームワーク促進活動に役立てられる。「他部門へ期待する活動」を、「職場内のメンバーに期待する活動」に変え、課長がコーディネーター役となり同様に進める。

(3) 朝礼をメリハリをつけて活用する

① 管理職により異なる朝礼の位置づけ

　朝礼は、日々の業務の指示徹底の場であり、一日をスタートさせるにあたり気持ちを仕事に向かわせる時間でもあるが、その重要度は管理職によって異なる。儀式的にすませる課長もいれば、30分も割き前日の製造現場の問題を報告させて解決策を指示する班長もいる。朝礼を真のマネジメントの場として活用する策はあるのか。

②**目的明確化とメリハリをつける工夫でマンネリ化を防ぐ**

　朝礼は、その目的を管理職（主催者）が意識することで、有効に活用できる。たとえば重要事項の指示を目的とするなら、伝えるだけでいいが、メンバーのプレゼンテーション力を高めることをめざすなら、輪番制で発表させる機会を設けるとよい。毎日同じパターンで繰り返すと、いつかはマンネリ化するので、朝礼の司会を輪番制にしたり、社内外の情報や過去事例を紹介する時間を設けたり、良かった取り組みを実施者の名前をあげて褒める場とするなどメリハリをつける工夫をする。

■**進め方**■

1. 朝礼の目的と実施ポイントを確かめる

　朝礼は、「管理職が」「一堂に会したメンバー全員に」「朝の仕事に入る前に」影響力を発揮できる場である。部下にとっては、情報共有化の場となる朝礼をどのように進めるか、目的ごとに実施ポイントをおさえる（**図表5-7**）。

◆業務指示を徹底する…交代勤務の製造現場では、引き継ぎを朝礼で進めている。指示事項に応じて、毎日または一定期間繰り返し、指示の背景をメ

図表5-7　朝礼の目的と実施ポイント表

朝礼の目的	実施ポイント
業務指示を徹底する	・毎日または一定期間繰り返し伝える ・指示の背景をメンバーのわかる言葉で伝える ・事例等を入れ、メリハリをつける
メンバーの健康状態をチェックする	・ラジオ体操などを通じて観察する ・点呼をとり、声や表情で具合を見極める ・ときには、「熱はないか、体はだるくないか」と質問し状況を見極める
メンバーを動機づける	・褒める材料を、事実にもとづき事前に集めておく ・「えこひいきだ」と誤解されないよう、褒めるメンバーを特定の者に偏らないようにする ・効果が薄れないよう、だれそうなときなど、タイミングを見計らって褒める
メンバーのプレゼンテーション力を鍛える	・輪番制で、全メンバーに話す機会を設ける ・メンバーのだれもが話せるよう、新聞記事、日々の仕事など身近な出来事を話題とする

出所：『工場管理』2011年6月号（金津健治執筆）

ンバーのわかる言葉で伝える
◆ メンバーの健康状態をチェックする…動きが緩慢な者、つらそうな表情の者、顔色の悪い者を見つけるなど、体調管理に役立てたい
◆ メンバーを動機づける…「月曜日の朝礼は、元気をつけるため、前週の良い取り組みを実際の名前をあげて紹介します」と述べて、「○さんがガラス片を拾ってくれたおかげで怪我をしないですんだ」「手のあいたKさんが若手を指導してくれた」など、些細なことでも褒めることは、元気づけ、動機づけに役立つ。常日頃、褒める材料を集める努力があるからできることである
◆ メンバーのプレゼンテーション力を鍛える…メンバーに説明の機会を与えれば、プレゼン力向上の場となる。特に人前で話す機会のない職場であれば、貴重なトレーニングの場にできる

2. 朝礼の進め方をすりあわせる

朝礼の目的を確認したら、目的に応じた進め方を係長・主任クラスとすりあわせておく。会議と比べ朝礼は、重要度が低い。それだけに浸透させるには、趣旨を理解してもらうことが不可欠だからである。また、メンバーに趣旨を理解してもらうには、朝礼でアナウンスするのもよいだろう。それにより形骸化も防げる。

3. 朝礼を開催する

マンネリ化を防ぐためには、年度ごとに点検し見直す。社内外の情報提供、過去事例の紹介、経営会議等の上層部の情報提供等を取り入れるなど工夫する。

③運用のポイント

■ 事前準備をして朝礼の進行にあたる

朝礼前にメンバーの出社状況を確認したり、交代勤務の職場なら引き継ぎノートで異常処置の記録等を把握して朝礼で指示すべきことをメモしておくなど、朝礼前の事前準備は欠かせない。

(4) メンバー間のヨコ串を通し、技能伝承にも役立てる

①仲間が困っていても協力しないのはなぜか

みな、自分の仕事を一生懸命こなしているが、仲間が困っていても手をさしのべようともしない。自分のことで精一杯でゆとりがないから仕方がないか、と嘆く管理職が増えている。自分の仕事の優先順位が一番なのは、そのとおりだが、このような状態が続くと、協力どころか、相手に対する関心すらなくなってしまう。どうすればメンバー間に横串を通せるのか。

②互いの仕事の苦労、やりがい等を認め合う

互いの仕事の苦労、やりがい等を分かち合い、認め合うことができると協力し合えるだけでなく、技能伝承にも役立つ。

■進め方■

1. 担当業務を書き出してもらう

メンバーに業務共有化の必要性を説き、**図表5-8**を見本に各自の業務を書き出してもらう。業務内容の共有化については、「経験談を聞かせてもらい興味がもてた」「先輩との共通の話題ができた」と好意的に受けとめるメンバーもいれば、紹介すること自体に違和感を感じるメンバーもいる。自分が年月をかけて積み重ね蓄積したノウハウを開示したくないからだろう。その気持ちを察しながらも、自らのメリットとなる「キャリアの整理にも役立ち、自分の専門性もPRできる」「多忙ななかで効果的に異なる専門分野を広く理解できる」点や、「互いを認め合い気持ちよく仕事をするためには業務共有化が必要である」という職場全体のメリットも伝えたい。

2. 業務経験、担当業務を記す

職場に配属されてから現在までの業務経験を中心にまとめ、メンバーに簡単にキャリアを紹介できるようにする。次に、担当業務の内訳や内容、苦労した点、やりがいを整理してまとめ、他のメンバーの興味を引き出すことにつなげる。

3. 今後の仕事の心がけ、期待、PRを抱負としてまとめる

業務を担当するうえでの心がけ、期待、他のメンバーにぜひ知ってほしい

図表5-8 担当業務紹介シート

所属 人事課　氏名 山田太郎　〇年〇月〇日

1. 業務の担当経験概略：職場に配属されてから現在までの業務経験を中心にまとめる
人事課に配属になり5年目です。 営業所での4年の実務経験も活かし営業担当者教育を主に担当してきました。また中堅社員研修の内製化を共同で進め始めました。今年は採用業務見直しにもかかわることになり幅が広がりました。

2. 担当業務の内訳：特にウエートの高い業務を5つ程度整理する

NO	業務名	主な内容	一言PR（苦労点、やりがい）
①	営業担当者研修の企画・実施・フォロー	営業担当者研修を企画し、自ら講師となって実施・フォローまで進めている。	新商品情報入手のために開発部門から情報を収集したい。部門間連携のために設計部門とも接触する。他部門との情報交換機会が増えるのはありがたい。
②	採用業務	係長の指導のもと、採用面接の準備・実施を行なっている。	採用面接を通じ、人材の評価基準のむずかしさを実感。外部団体のアセスメント（診断）を勉強することができた。
③	昇進・昇格制度見直し	10年前の昇進・昇格制度を見直すために、組合との意見交換、他社情報の収集など、制度見直し前の業務がメインである。	組合と協議する機会を持ち、経営側の立場と労働者側の立場で制度見直しの視点に乖離があり頭が痛い。
④	人事考課関連業務支援	年2回の全社人事考課のとりまとめ、人事考課調整委員会向けの資料準備等をしている。	個人のデータ・資料を扱うため気を使う。課長から人事課の考え方を学ぶことができた。
⑤	中堅社員研修の内製化	テキストのオリジナル化をはかる一方、外部団体の通信教育も活用したプログラムを策定している。	中堅社員に要求される能力は広く、絞りにくい。問題解決・後輩指導のテキストをつくりながら、自ら勉強できるのは役得である。

3. 今後、業務を担当するうえでの心がけや期待、他メンバーへのPR
メイン業務として中堅社員研修も担当し、外部の講師と連携して進めていきたい。先輩から人事制度について勉強をする機会をいただきたい。

事項をまとめる。
4. メンバーの担当業務を共有する
　職場ミーティングの時間を割くなどして、メンバーの担当業務共有化の時間を設ける。輪番制で、質疑応答を入れて一人5～10分程度で進めてみよう。
③運用のポイント
■業務の多能化も進める
　互いの仕事の状況を理解できるようになったら、次は業務の幅を広げる多能化を進めたい。

(5) 新任管理職が一人前になる期間を短縮する
①新任管理職が一人前になるには経験が必要
　管理職に昇進してから、一人前になったと周囲に認められるまでには数年間の経験が必要だ。目標の設定指導、年長の部下への指導・育成、クレーム対応等の問題解決、人事考課など、経験して初めて気づくむずかしさもあれば、未知の仕事もあるだろう。それら仕事の概要をあらかじめ知ったうえで、それを手がかりに職務を遂行したなら、新任管理職の生産性は間違いなく上がるのではないか。
②異動時の引き継ぎもスムーズにできる
　管理職のマネジメント活動の全容をまとめたものがあれば、異動の際に申し分ない引き継ぎができるのはもちろんのこと、新任管理職の育成期間短縮も期待できる。そこで、ある程度、管理職の業務を積んだら、「部門長の業務体系表」を作成することを勧めたい。

■進め方■
1.「部門の業務体系表」を作成する
　担当部門の業務の全体像を把握するために、業務体系表を作成する。多くの企業には業務分掌規定があり、これをもとに作成できる。業務分掌規定がない場合は、主任クラスと一緒に部門の業務を洗い出しリスト化する。
　新任管理職は、業務体系表をもとに業務を分担したり、人事考課など部下

を評価する際に、対象となる主要業務を確かめることができる。

2.「部門長の業務体系表」を作成する

部門長の業務の全体像を把握するものである。月別に書き出してみると、まとめやすい。新任管理職にとっては、管理資料の作成、社内行事への参加など、年間の管理職の実務をおさえ、事前に準備しがら臨めるようになる。

3.「マネジメント活動モデル」を作成する

部門長として、1年間に取り組む主要なマネジメント活動を体系的に表わしたものである（**図表5-9**）。月別に、目標設定面談、評価面談、隔週会議等を洗い出すと、もれなくまとめることができる。

4.「評価判定モデル」を作成する

自社の人事考課制度の評価項目ごとに、実際に評価根拠として職務行動事実と裏づけをまとめたものである（**図表5-10**）。

新任管理職にとって人事考課は未知の取り組みであり、どのような事実にもとづき評価をするのか不安がある。その不安を取り除けることに加え、

図表5-9　マネジメント活動モデル（○○課）

場・手段	目　　的	参画メンバー	時間・頻度等	進め方の工夫
朝会	①1週間の業務予定の確認 ②日々の業務指示	課長以下メンバー全員	毎朝 8:30〜8:45	①主要行事を年間スケジュールで組んでおき、朝会時に確認 ②月曜日の朝会は10分早めて実施 ③トラブルや例外事項は都度報告し、課長不在時は係長が判断する
月例課会	①課の年度方針を周知 ②毎月の業務実施状況を把握・指導する	課長以下メンバー全員 （年度初め、中間、末に部長参加）	毎月3日 17:00〜18:30	①年度初めは年度課方針の設定背景を説明し周知する ②業務報告書を月末に上長に提出しておく ③年度初め、中間、末は部長より指示がある ④方針、予算と実績のズレ発生要因と対策を周知する
勉強会	①未着手の規定類の見直し方法を指導する ②その他、業務上必要な知識を教授する	課長以下メンバー全員 （講師は課長）	7月より10回 週1回、木曜 17:30〜18:00	①社内慶弔業務含む5テーマを7月より毎週木曜の夕方に30分設け、1テーマ2回で終了させる ②11回目以降については、9回目ごろに部下の要望を確認し課長が決める

Ⅴ◆マネジメントの生産性を高める

図表5-10　人事考課項目別評価判定モデル

評価項目	職務行動事実例	評価の証のサンプル
専門性	税理士の資格を有効活用し、グループ企業○○の取引先に出向き、税務上のアドバイスをしている	○○勉強会資料等 報告書
企画力	・・・・・・・・・・・・・・・・・・・・・	・・・・・・・
折衝力	・・・・・・・・・・・・・・・・・・・・・	・・・・・・・

「評価の証」は職務行動事実を把握する手段となるので人事評価が身近な取り組みとなる。

5.「マネジメントガイド」を作成する

　マネジメント活動モデルの活用の仕方を案内するものとして、「活用の目的」「等級別評価項目一覧」「活用の仕方」「評価項目の特性と評価の留意点」「評価の証にもとづき職務行動事実をおさえるコツ」などを一つにまとめる。

③運用のポイント

■すでにある管理資料を有効に活用する

　過去に作成した業務分掌規定等を総務部門や人事部門に問い合わせ、活用すると手間が軽減できる。また、マネジメント活動モデルを作成することは仕事の見直しにもなるので、効率化や生産性向上にもつなげられる。

金津健治（かなづ・けんじ）
慶應義塾大学法学部卒業。日本能率協会コンサルティングなどを経て現在、産業能率大学主席研究員。日本キャリア開発協会キャリアアドバイザー。著書『「管理職」と呼ばれる人の全仕事術』（プレジデント社）、『人事考課の実際』『目標管理の手引』（日本経済新聞出版社）、『すぐ使える・すぐできる目標設定法』（経団連出版）ほか
連絡先：産業能率大学経営管理研究所
　　　〒158-8630　東京都世田谷区等々力6-39-15
　　　電話03（3704）9601

目標による管理
──組織成果を高める運用法、職場水準に応じた展開法

著者◆
金津健治

発行◆平成30年3月10日　第1刷

発行者◆
讃井暢子

発行所◆
経団連出版

〒100-8187　東京都千代田区大手町1-3-2
経団連事業サービス
URL◆http://www.keidanren-jigyoservice.or.jp/
電話◆[編集]03-6741-0045　　[販売]03-6741-0043

印刷所◆サンケイ総合印刷

©Kanazu Kenji 2018, Printed in JAPAN
ISBN978-4-8185-1709-7　C2034

経団連出版　出版案内

管理者のための 職場の労働法

慶谷淑夫・慶谷典之 著　四六判 246頁 定価（本体1500円＋税）

職場のトラブルを未然に防ぐために、最新労働法規と日常管理の急所をわかりやすく解説しています。管理者や実務担当者の労働法基礎知識習得・社内研修用テキストにも好適です。

マネジャー育成講座

リーダーシップの磨き方、組織力の高め方

本寺大志・小窪久文・中嶋義文 著　A5判 232頁 定価（本体1800円＋税）

いま求められる人と組織のマネジメント法を解説。管理者としてノウハウを学び、部下も組織も成長させながら、組織業績にも貢献したいビジネスパーソンにおすすめの一冊です。精神科医による、メンタルヘルス不調者対応のアドバイスも収録。

ビジネスリーダーの強化書

マネジメントスタイルを変革する

高野研一 著　四六判 264頁 定価（本体1300円＋税）

現代のビジネスリーダーは、前例や論理の積み上げは頼りにならなくなっており、「ビジョンを示す」「人を組織化する」といった役割が不可欠になっています。本書では、「指令命令型」から「ビジョン提示型」へ、リーダーシップ改革の道筋を説きます。

チームビルディングの技術

みんなを本気にさせるマネジメントの基本18

関島康雄 著　四六判 176頁 定価（本体1200円＋税）

情報の共有はできた。「報連相」は徹底した。なのに仕事がうまく回らないのはなぜか――？　自律したプロ人材で構成するチーム、人を育てるチームをどのようにつくるのか？著者の経験とマネジメント理論からその答えを導きます。

http://www.keidanren-jigyoservice.or.jp/

経団連出版 出版案内

キャリア戦略
プロ人材に自分で育つ法 組織内一人親方のすすめ
関島康雄 著 四六判 248頁 定価（本体1500円+税）

組織に所属する中で「自分らしさ」「専門性」「自律性」を身につけ、プロフェッショナルと自他共に認められる人材に育つ法を、「キャリア」「リーダーシップ」「戦略」の切り口から解説します。

メンタル・タフネス
はたらく人の 折れない心 の育て方
下野淳子 著 A5判 152頁 定価（本体1300円+税）
アセスメント（自己診断）も収録

高い成果を発揮するために必要といわれる心の力（メンタル・タフネス）を、「希望をつくり出し」「自分への信頼を高め」「逆境からしなやかに立ち直り」「楽観性を育む」ことで強くしなやかにする方法を紹介します。

組織の未来をひらく創発ワークショップ
「ひらめき」を生むチーム 30の秘訣
野口正明 著 A5判 148頁 定価（本体1400円+税）

架空の素材メーカーを舞台に「5年後に利益率5割増」とする提言をつくるワークショップを通じ、メンバーが互いに学び、ひらめきを生み出すまでの過程を解説を添えて描いています。

こうして解決する！
職場のパワーハラスメント
指導のつもりがなぜパワハラと言われるのか
野原蓉子 著 A5判 120頁 定価（本体1000円+税）

パワハラをめぐる状況はますます複雑化しています。本書では、パワハラ判断の一般的目安やポイント、具体的な事例を取り上げ企業としての対応策や申立てへの対処法について解説しました。

http://www.keidanren-jigyoservice.or.jp/